刊行にあたって

　本書は、銀行業務検定試験「年金アドバイザー３級」を受験される方のために刊行された参考書です。同試験では、老齢給付、障害・遺族給付等の年金制度のほか、年金の加入状況にあわせた年金額の計算を行うなど、制度を理解した応用力が問われます。このほか、わが国の人口等の統計上の推移、雇用保険や年金に関する税務知識など幅広い知識も求められます。また、毎年、年金額は変わり、制度も毎年のように変更が加えられています。

　そこで本書は、受験前の貴重な時間を有効に利用したい受験者のために、過去の出題傾向を分析し、出題頻度の高い70項目を厳選したうえで簡潔・明瞭に整理することを主眼に作成しました。

　原則として、１項目につき２ページの見開きで完結させ、各項目には重要度を★の数で示し、2022年10月から2024年３月の出題を中心に、関連性の高い直近の出題番号を掲示しました（未出題でも今後出題が想定される項目も含む）。さらに本文中、特に重要な語句は太字にし、重要な箇所にはアンダーラインを付していますので、学習の際に参考としてお役立てください。

　決して、本書のみでの学習で合格を約束するものではありませんが、受験直前の確認や要点整理に役立つものと確信しております。『銀行業務検定試験　年金アドバイザー３級問題解説集』（当社刊・銀行業務検定協会編）を通読後、総仕上げとして本書を併せて効果的に活用していただけましたら幸いです。

2024年７月

JN123119

経済法令研究会

もくじ

年金制度概要

老齢給付

障害・遺族給付

その他制度

令和6年度は、昭和31年4月2日以後生まれの者と昭和31年4月1日以前生まれの者で年金額が異なっています。本書では、原則として昭和31年4月2日以後生まれの者の年金額を記載します。

昭和31年4月2日以後生まれの者と昭和31年4月1日以前生まれの者で異なっている年金額の主なものは巻末資料に記載しています。

年金制度概要

銀行業務検定試験

年金アドバイザー3級
直前整理70

1

人口動向

平均寿命

　令和4年の簡易生命表によると、男女共に平均寿命は前年を下回っており、女性が男性を**約6歳**上回っています。

■平均寿命※

	令和元年	令和2年	令和3年	令和4年
男　　性	81.41歳	81.64歳	81.47歳	81.05歳
女　　性	87.45歳	87.74歳	87.57歳	87.09歳

※　平均寿命……0歳の平均余命

簡易生命表

毎年の死亡状況が今後も変わらないと仮定して、年齢ごとの死亡率や平均余命などの指標によって表示したもの

高齢化率

　高齢者白書によると、高齢化率は年々上昇しており、14歳以下の者の占める割合（令和4年11.6%）よりも高くなっています。

■高齢化率※

令和2年	令和3年	令和4年
28.8%	28.9%	29.0%

※　高齢化率……総人口の中で65歳以上の者が占める割合

合計特殊出生率

合計特殊出生率は、1.50を下回っていて、令和4年は前年より低下しています。

■合計特殊出生率※

令和2年	令和3年	令和4年
1.33	1.30	1.26

※　合計特殊出生率……1人の女性が平均して一生の間に産む子の数

日本人の人口の増減

人口動態統計によると、死亡者数が出生者数を上回っているため、日本人の人口は年々減少しています。

■日本人の出生者数および死亡者数

	令和2年	令和3年	令和4年
出生者数	84万人	81万人	77万人
死亡者数	137万人	144万人	157万人
人口増減	53万人減	63万人減	80万人減

※　人口増減＝出生者数－死亡者数。ただし、端数処理の影響による誤差あり。

社会保障給付費

社会保障給付費は、令和2年度に**130兆円**を上回りました。

■社会保障給付費※

平成30年度	令和元年度	令和2年度	令和3年度
121.4兆円	123.9兆円	132.2兆円	138.7兆円

※　社会保障給付費……医療、介護、公的年金等の給付に充てた費用

2

年金の現況と歴史

重要度　　　[★★★]
進度チェック ☑ ☑ ☑

出題【24年3月・問2】
【23年10月・問2】

公的年金加入者

■公的年金加入者

	令和2年度末	令和3年度末	令和4年度末
公的年金加入者	6,756万人	6,729万人	6,744万人
第1号被保険者	1,449万人	1,431万人	1,405万人
第2号被保険者等	4,513万人	4,535万人	4,618万人
第3号被保険者	793万人	763万人	721万人

公的年金の受給者数

実受給権者数※は4,000万人程度で推移しています。

■公的年金の実受給権者数※

令和2年度末	令和3年度末	令和4年度末
4,051万人	4,023万人	3,975万人

※　実受給権者数……(重複を除いた)何らかの公的年金の受給権を有する者の数

短時間労働者の被保険者数（第1号厚生年金被保険者）

■短時間労働者の被保険者数（第1号厚生年金被保険者）

	令和2年度末	令和3年度末	令和4年度末
男　子	14万人	14万人	20万人
女　子	39万人	42万人	62万人

4

国民年金保険料の納付率

11年連続で上昇しています。

■国民年金保険料の納付率（現年度分）

令和2年度分（現年度分）	令和3年度分（現年度分）	令和4年度分（現年度分）
71.5%	73.9%	76.1%

年金制度の歴史

■年金制度等の歴史※

年　次	改　正
昭和17年	労働者年金保険の実施
昭和36年	**国民年金制度の実施**（国民皆年金の確立）
昭和61年	**基礎年金制度の実施**（第3号被保険者制度の開始）
平成元年	完全自動物価スライド制度の導入
平成3年	学生が国民年金に強制加入
平成9年	**基礎年金番号制度の実施**
平成12年	学生等の保険料納付特例の実施
平成15年	**総報酬制の導入**
平成17年	30歳未満の若年者納付猶予制度の実施
平成18年	・国民年金保険料の免除制度が4段階に ・障害基礎年金と老齢厚生年金・遺族厚生年金の併給が可能に
平成19年	・離婚時の年金分割制度の実施 ・65歳以後の老齢厚生年金の繰下げ制度の実施
平成20年	第3号被保険者期間の年金分割制度の実施
平成21年	**基礎年金の国庫負担率が1/3から1/2へ**
平成27年	被用者年金制度の一元化の実施
平成28年	短時間労働者に対する厚生年金保険の適用拡大
平成29年	老齢基礎年金の受給資格期間を25年から10年に短縮
平成31年（令和元年）	・国民年金の第1号被保険者に対する産前産後期間の保険料免除制度の実施 ・年金生活者支援給付金の開始

※　近年の主な改正は、114頁『**54 主要年金法の改正事項**』の項目を参照。

3

国民年金の被保険者

重要度　　　[★★★]

進度チェック ☑ ☑ ☑

出題【24年3月・問4】
【23年10月・問4】

強制加入被保険者の種類

①**第1号被保険者** …日本国内に住所を有する**20歳以上60歳未満**の者で、第2号被保険者、第3号被保険者に該当しないもの

②**第2号被保険者** …厚生年金保険の被保険者（65歳以上の者にあっては、老齢または退職を支給事由とする年金給付の受給権を有しない者に限る）

③**第3号被保険者**※…第2号被保険者に扶養されている配偶者で20歳以上60歳未満のもの（原則として日本国内に住所を有する者）

※　被扶養配偶者の認定基準は、原則として、**年収130万円未満**（障害者等の場合は年収180万円未満）かつ第2号被保険者の年収の1/2未満となっており、この場合の年収には、公的年金や失業等給付等も含まれる。また、配偶者には、事実上の婚姻関係にある者も含まれる。

強制加入被保険者の要件

強制加入被保険者の要件をまとめると、以下のとおりになります。

■強制加入被保険者の要件

	国内居住要件	国籍要件	年齢要件
第1号被保険者	**あり**		20歳以上 ～ 60歳未満
第2号被保険者	なし	なし	**受給権による**※
第3号被保険者	**あり**		20歳以上 ～ 60歳未満

※65歳以上の者にあっては、老齢または退職を支給事由とする年金給付の受給権を有しない者に限られる。そのため、これらの年金給付の受給権を有する者の配偶者が20歳以上60歳未満である場合、その配偶者は、第1号被保険者となり、第3号被保険者には該当しない。

6

任意加入被保険者

　以下の要件のいずれかに該当する者は、厚生労働大臣に申し出て、**任意加入被保険者**となることができます。老齢基礎年金の受給資格期間を満たすため、あるいは老齢基礎年金を満額に近づけるための制度です。

　なお、特別支給の老齢厚生年金を受給している期間であっても、任意加入することはできますが、繰上げ支給の老齢基礎年金の受給権者は、任意加入できません。

①日本国内に住所を有する20歳以上60歳未満の者であって、厚生年金保険法の老齢年金（退職年金）等を受けることができるもの

②日本国内に住所を有する60歳以上65歳未満の者

③日本国籍を有する者等であって、日本国内に住所を有しない20歳以上65歳未満のもの

④昭和40年4月1日以前生まれの者で、老齢基礎年金の受給権を有しない65歳以上70歳未満のもの※（国内居住要件または国籍要件あり）

※　65歳になっても老齢基礎年金の受給権が得られない人に対する救済制度のため、老齢基礎年金の受給権を取得するとその日の翌日に資格を喪失する。

強制加入被保険者のまとめ

　強制加入被保険者を図でまとめると、以下のとおりになります。

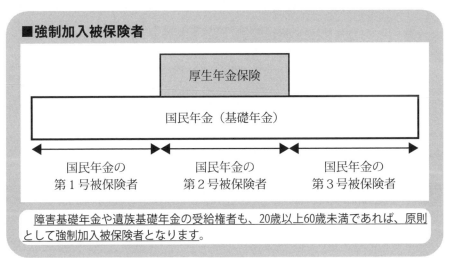

■強制加入被保険者

障害基礎年金や遺族基礎年金の受給権者も、20歳以上60歳未満であれば、原則として強制加入被保険者となります。

資格取得と資格喪失

重要度　　　[★★★]
進度チェック ☑ ☑ ☑

出題【24年3月・問7】
　　　【23年10月・問7】

資格取得

　資格取得とは、初めて国民年金の第1号・第2号・第3号被保険者のいずれかに該当する場合をいいます。資格を取得後に、第1号・第2号・第3号被保険者の種別が変わる場合は**「種別の変更」**となり、資格取得や資格喪失には該当しません。

強制加入被保険者の資格取得時期

　次のいずれかに**該当した日**に被保険者の資格を取得します。

■強制加入被保険者の資格取得

	取得時期
第1号 被保険者	・<u>20歳に達したとき（**誕生日の前日**）</u> ・20歳以上60歳未満の者が日本国内に住所を有するに至ったとき
第2号 被保険者	・厚生年金保険の被保険者の資格を取得したとき…<u>20歳前に取得した場合はそのとき</u>
第3号 被保険者	・20歳以上60歳未満の間において第2号被保険者の被扶養配偶者となったとき ・第2号被保険者の被扶養配偶者が20歳に達したとき（誕生日の前日）

　国籍要件は問われないため、日本国内に住所を有する外国人留学生等も、20歳に達したときに第1号被保険者の資格を取得します。

強制加入被保険者の資格喪失時期

(1)　翌日喪失

　以下のいずれかに該当した場合は、該当した日の**翌日**に被保険者資格を喪失します。

①死亡したとき

②日本国内に住所を有しなくなったとき（第2号被保険者または第3号被保険者に該当する場合は除く）

③被扶養配偶者でなくなったとき（第1号被保険者または第2号被保険者に該当する場合は除く）

(2) 当日喪失

以下のいずれかに該当した場合は、**該当した日（当日）**に被保険者の資格を喪失します。

①第1号被保険者または第3号被保険者が**60歳**に達したとき（誕生日の前日）

②厚生年金保険の被保険者の資格を喪失したとき（第1号被保険者、第2号被保険者または第3号被保険者に該当する場合は除く）

③厚生年金保険法の老齢給付等※を受けることができる者となったとき（第2号被保険者または第3号被保険者に該当する場合は除く）

※　ここでいう老齢給付等は、特別支給の老齢厚生年金のことではなく60歳未満で受給権が発生する老齢給付等のことである。以前は60歳未満で老齢給付等の受給権が発生する場合があったので、この規定がある。7頁の任意加入被保険者の①の規定は、60歳未満で老齢給付等の受給権が発生して資格を喪失した場合の任意加入被保険者の規定である。

■強制加入被保険者の資格喪失等の届出

第1号 被保険者	資格取得※・喪失届、種別変更届、住所変更届、氏名変更届などの各種の届出は、それぞれ当該事実があった日から14日以内に**市町村長（特別区の区長を含む）**に自ら行わなければなりません。なお、60歳に達したことによる資格喪失については届出は不要です。 ※令和元年10月以後、新たに20歳となる者は原則として資格取得の届出は不要
第2号 被保険者	事業主が手続きを行い第2号被保険者となりますので、本人が届け出る必要はありません。
第3号 被保険者	資格取得届・喪失届、種別変更届、住所変更届、氏名変更届などの各種の届出は、それぞれ当該事実があった日から14日以内に行わなければなりません。 届出は第2号被保険者である配偶者が勤務する事業所を経由して行われます。 なお、配偶者が退職等により厚生年金保険の被保険者でなくなった（第2号被保険者に該当しなくなった）場合には、被扶養配偶者は、第1号被保険者への種別変更の届出が必要です。

5

国民年金の第1号被保険者の保険料

重要度　　　[★★★]
進度チェック ☑ ☑ ☑

出題【24年3月・問5】
【23年10月・問5】

国民年金保険料

国民年金の保険料は、**月額16,980円**（令和6年度）、月額17,510円（令和7年度）となっています。金融機関、郵便局、コンビニエンスストアの窓口での納付のほか、口座振替やクレジットカードでの納付、あるいはネットバンキングやスマートフォンの決済アプリなどを利用した電子納付も可能です。

口座振替やクレジットカードでの納付においては、親族等の本人名義以外の口座やクレジットカードを用いることもできます。

第1号被保険者の保険料は、被保険者とその配偶者および世帯主が**連帯して納付する義務**を負っています。

毎月の保険料は**翌月末**までに納付しなければならず、保険料の徴収権は**2年**が経過すると時効で消滅するため、納付期限から2年を経過すると納めることができなくなります。

なお、第2号、第3号被保険者については、**基礎年金拠出金**として、厚生年金保険制度から国民年金保険料に相当する金額が支払われるため、自ら国民年金保険料を納める必要はありません。

前　納

保険料は前納することが可能となっており、「6ヵ月前納」「1年前納」「2年前納」等があります。前納期間に応じて一定割合の保険料が割り引かれます。割引額は、口座振替の方が現金納付よりも多くなっています。また、現金納付とクレジットカード納付の割引額は同じです。

毎月の保険料を口座振替で納付する際は、通常翌月末日に引き落とされますが、**当月末日引落しにすると保険料が60円割り引かれる制度**もあります。

前 納 額

前納期間が長いほど、割引額も大きくなります。

■前納額（口座振替の場合） （令和6年度）

	6ヵ月前納	1年前納	2年前納
納 付 額	100,720円	199,490円	397,290円
割 引 額	1,160円	4,270円	16,590円

付加保険料

　第1号被保険者（保険料の免除を受けている者および国民年金基金の加入員を除く）と65歳未満の任意加入被保険者は、**付加保険料**を納めることにより、老齢基礎年金に上乗せして付加年金を受け取ることができます。

　付加保険料は月額400円で、付加年金の金額は、以下の式で算出します。

　「**200円**×付加保険料納付月数」

国民年金保険料の推移

国民年金保険料は、毎年度改定されます。

■国民年金保険料の推移

年　　度	保 険 料	対前年度
平成28年度	16,260円	＋670円
平成29年度	16,490円	＋230円
平成30年度	16,340円	－150円
令和元年度（平成31年度）	16,410円	＋70円
令和2年度	16,540円	＋130円
令和3年度	16,610円	＋70円
令和4年度	16,590円	－20円
令和5年度	16,520円	－70円
令和6年度	16,980円	＋460円
令和7年度	17,510円	＋530円

6

国民年金保険料の免除制度

重要度　　[★★★]
進度チェック ☑ ☑ ☑

出題【24年3月・問6】
**　　　【23年10月・問6】**

保険料免除

　第1号被保険者の中には、収入が少ないなどの理由により保険料の納付が困難な方もいます。こういった方の負担を軽減するために、保険料免除制度が設けられています。保険料免除制度には**「法定免除」「申請免除」**等があり、それぞれ条件や年金額への反映方法等が異なります。

法定免除

　以下のいずれかに該当した場合には、法律上当然に保険料が全額免除されます（ただし、届出が必要）。保険料免除期間は、免除事由に該当した月の**前月**から該当しなくなった月までです。

　　①障害基礎年金等の受給権者（ただし、障害等級3級に該当しなくなって3年を経過した受給権者を除く※）
　　②生活保護法による生活扶助を受けているとき
　　③国立ハンセン病療養所等、国立保養所等の施設に入所しているとき

　※　障害の程度が軽くなり障害等級1・2級に該当しなくなった場合でも、障害基礎年金の受給権は原則として失権しない（支給停止されるが受給権者である）ため、このただし書きがある。

申請免除

　以下の①～④のいずれかに該当し、厚生労働大臣に申請することにより、保険料が免除されます。免除される金額は、**全額・3/4・半額・1/4**とされます。免除期間は、原則として**7月から翌年の6月**までとされています。ただし、申請が遅れた場合は、過去2年（実務上、2年1ヵ月前）まで遡及して免除されます。

　　①前年の所得が一定の所得基準以下のとき（1月から6月の申請の場合は

前々年の所得）

②生活保護法による生活扶助以外の扶助を受けているとき

③地方税法に定める障害者、寡婦またはひとり親であって前年の所得が135万円以下のとき

④次に該当する理由で保険料の納付が困難なとき

・天災等により損害を受け家財等の損害金額がその価格のおおむね1/2以上となるとき

・失業等により保険料納付が困難となったとき

・配偶者からの暴力により保険料納付が困難なとき

・事業の休止・廃止により厚生労働省が実施する総合支援資金貸付制度による貸付金の交付を受けたとき

保険料免除の所得基準

保険料免除の所得基準は、以下のとおりです。

■保険料免除の所得基準

	基　　準
全額免除	所得が「（扶養親族等の数＋1）×35万円＋32万円」の範囲内
3/4免除	所得が「88万円＋扶養親族等控除額＋社会保険料控除額等」の範囲内
半額免除	所得が「128万円＋扶養親族等控除額＋社会保険料控除額等」の範囲内
1/4免除	所得が「168万円＋扶養親族等控除額＋社会保険料控除額等」の範囲内

7

国民年金保険料の納付猶予制度等

重要度　　　[★★★]
進度チェック ☑ ☑ ☑

出題【24年3月・問6】
【23年10月・問6】

学生等の保険料納付特例

　学生であっても20歳以上であれば、国民年金の第1号被保険者として強制加入被保険者となります。しかし、保険料を負担することが困難な場合、**学生本人**の前年（または前々年）の所得が

　　　128万円＋扶養親族等控除額＋社会保険料控除等

以下であれば、**申請**により保険料が免除されます。

　納付特例の期間は**4月から翌年3月**までとなっており、**毎年**、厚生労働大臣に申請して承認を受ける必要があります。

　なお、学生等が12頁『**6　国民年金保険料の免除制度**』にある免除事由に該当した場合、法定免除は適用されますが、申請免除は適用されません。

保険料納付猶予

　50歳未満で無職あるいはいわゆるフリーターなど、低所得のため保険料を納付することが困難な場合、**申請**により保険料の納付が猶予されます。

　要件は、50歳未満の第1号被保険者で、本人および配偶者の前年（または前々年）の所得が、（扶養親族等の数＋1）×35万円＋32万円となっています。世帯主（親など）の所得は関係ありません。

　なお、保険料納付猶予制度を利用せずに、申請免除を利用することも可能です。

年金額への反映

　法定免除期間と申請免除期間は、その一部が**老齢基礎年金の額**に反映されます。一方、学生等の納付特例期間・保険料納付猶予期間については、老齢

基礎年金の受給資格期間には算入されますが、老齢基礎年金の<u>年金額には反映されません</u>。ただし、学生等の納付特例・保険料納付猶予期間中に障害・死亡といった不慮の保険事故が生じた場合、支給要件を満たしていれば、<u>障害基礎年金・遺族基礎年金は支給されます</u>。

追　納

　保険料免除期間については保険料の追納が可能です。追納できるのは、**追納が承認された月前10年以内の期間**に限ります（たとえば、令和6年10月に追納の申出をした場合、平成26年10月分までが追納できる）。追納した期間は、老齢基礎年金の保険料納付済期間として年金額に反映されます。ただし、**老齢基礎年金の受給権者は追納できません**。

産前産後期間の保険料免除制度

　平成31年4月1日から国民年金の<u>第1号被保険者</u>の産前産後期間の保険料を免除する制度が施行されました。

　出産予定月の**前月から出産予定月の翌々月までの4ヵ月分**（<u>多胎妊娠の場合は出産予定月の3ヵ月前から出産予定月の翌々月までの6ヵ月分</u>）の保険料を免除し、その免除期間は保険料を支払ったものとみなして、保険料納付済期間に算入されます。ただし、任意加入被保険者は産前産後期間の保険料免除には該当しません。

　財源として、国民年金の<u>法定保険料</u>が100円上乗せされて月額17,000円となります（<u>実際の保険料は法定保険料に保険料改定率を乗ずる</u>）。

　また、産前産後免除期間の<u>付加保険料</u>は納付することができます。

■産前産後の保険料免除期間

15

8

厚生年金保険の被保険者(1)

重要度　　　[★★★]
進度チェック　☑ ☑ ☑

被用者年金一元化

　平成27年10月より、厚生年金保険と共済年金は一元化され、制度上の差異は解消されました。基本的に厚生年金保険にそろえられましたが、共済年金の規定が適用された部分もあります。また、共済組合等は、実施機関として、引き続き被用者年金に関する手続きを行うことになります。

厚生年金保険の被保険者の種別

　被用者年金が一元化されたことにより、厚生年金保険の被保険者は以下のように区分されます。

■厚生年金保険の被保険者

加　入　者	種　　　別	実施機関
従来の厚生年金保険被保険者	第1号厚生年金被保険者	厚生労働大臣（日本年金機構）
国家公務員共済組合の組合員	第2号厚生年金被保険者	国家公務員共済組合・国家公務員共済組合連合会
地方公務員共済組合の組合員	第3号厚生年金被保険者	地方公務員共済組合等
私立学校教職員共済制度の加入者	第4号厚生年金被保険者	日本私立学校振興・共済事業団

保険料率

　平成30年9月から、第1号～第3号厚生年金被保険者の保険料率は18.3％に統一されました。第4号厚生年金被保険者の保険料率は、第1号～第3号厚生年金被保険者の保険料率とは異なっており、18.3％に統一されるまで引上げが行われます。

支給開始年齢

　退職共済年金の支給開始年齢は、男女同一のスケジュールで引き上げられていました。

　この制度については、<u>一元化後も変更はありません</u>。つまり、第2号～第4号厚生年金被保険者期間のある女子については、第1号厚生年金被保険者の女子に比べて、5年早く引き上げられることになります。

加入期間の合算

　一元化前は、厚生年金保険、共済年金それぞれの加入期間が20年未満の場合には、合算して20年以上となっても加給年金額は加算されませんでした。しかし、<u>一元化後は、各種別の加入期間を合算することが可能となります</u>。たとえば、厚生年金保険に5年加入、共済年金に15年加入のような場合、他の要件を満たせば加給年金額が支給されることになりました。

　一方、長期加入者の特例（44年）の期間を計算する際には、各種別の加入期間を合算することはできません（ただし、公務員共済組合の組合員期間は最後に加入していた公務員共済組合の組合員期間とみなされるため、国家公務員共済組合と地方公務員共済組合の組合員期間は合算できる）。

■加入期間の合算について

合算される	・**加給年金額**　・**振替加算**　・**中高齢寡婦加算** ・特別支給の老齢厚生年金（1年以上）
合算されない	・**長期加入者の特例** ・中高齢者の特例（男子40歳以後、女子35歳以後の期間）

9

厚生年金保険の被保険者(2)

重要度　　　[★★★]
進度チェック ☑ ☑ ☑

出題【24年3月・問9】
【23年10月・問9】

適用事業所

適用事業所は、以下の事業所等が該当します。

①常時1人以上の従業員を使用する法人、国、地方公共団体の事業所

②常時5人以上の従業員を使用する適用業種の個人事業所

③船員法第1条に規定する船員として、船舶所有者に使用される者が乗り組む船舶

当然被保険者

適用事業所に使用される**70歳未満**の者は、国籍に関係なく原則として厚生年金保険の被保険者となります。試用期間中も含まれます。

法人の場合、代表者も法人に「使用される」ことになるため被保険者となりますが、個人事業主は上記②に該当する場合であっても、「使用される者」に該当しないため被保険者とはなりません。

適用除外

以下の適用除外事由に該当する場合は、70歳未満であっても被保険者とはなりません。

適用除外	例外(いつから被保険者となるか)
臨時に使用される者であって、日々雇い入れられる者※	1ヵ月を超えて使用されるに至った場合（その日から）
臨時に使用される者であって、**2ヵ月以内**の期間を定めて使用される者で、**当該定めた期間を超えて使用されることが見込まれないもの**※	当該定めた期間を超えて使用されることが見込まれる場合（当初から）
季節的業務に**4ヵ月以内**の期間を定めて使用される者※	当初から継続して4ヵ月を超えて使用されるべき場合（当初から）

臨時的事業の事業所に**6ヵ月以内**の期間を定めて使用される者	当初から継続して6ヵ月を超えて使用されるべき場合（当初から）
所在地が一定しない事業所に使用される者	例外なく被保険者とならない

※ 船員を除く

短時間労働者が厚生年金保険の被保険者となる場合

　短時間労働者は、1週間の所定労働時間および1ヵ月の所定労働日数が通常の労働者の4分の3以上であれば厚生年金保険の被保険者となります。また、4分の3未満であっても、原則として従業員の被保険者数が常時101人以上※の適用事業所（<u>特定適用事業所</u>）に雇用され、下記①〜③の条件を**すべて満たす場合**は厚生年金保険の被保険者となります。

①1週間の所定労働時間が20時間以上あること

②賃金の月額が8.8万円以上であること

③学生でないこと

※ 被保険者数が常時100人以下（令和6年10月からは50人以下）の適用事業所であっても、労使合意に基づき申出をする法人・個人の事業所は対象となる。また、地方公共団体に属する事業所は人数に関係なく対象となる。

短時間労働者に対する社会保険の適用拡大

　平成28年10月から厚生年金保険・健康保険の適用対象者が拡大され、1週間の所定労働時間および1ヵ月の所定労働日数が通常の労働者の4分の3未満の短時間労働者であっても、**被保険者数が常時501人以上**の法人・個人・地方公共団体に属する適用事業所、または国に属する適用事業所に雇用され、一定の条件を満たす短時間労働者は被保険者となるように改正されました。

　平成29年4月からは、**被保険者数が常時500人以下の適用事業所であっても、労使合意に基づき申出をする**法人・個人の事業所も対象となりました。また地方公共団体に属する事業所が人数に関係なく対象となりました。

※ 令和4年10月から、特定適用事業所の規模の要件が**101人以上**となった。令和6年10月からは**51人以上**へ改正される予定。

厚生年金保険の被保険者(3)

重要度　　　[★★★]
進度チェック ☑ ☑ ☑

出題【24年3月・問7】
　　　【23年10月・問7】

被保険者の資格取得時期

　以下のいずれかに該当した日に、厚生年金保険の被保険者の資格を取得します。

　①適用事業所に使用されるに至った日

　②使用される事業所が適用事業所となった日

　③適用除外の事由に該当しなくなった日

被保険者の資格喪失時期

(1)　翌日喪失

　以下のいずれかに該当した場合は、該当した日の**翌日**に被保険者の資格を喪失します。

　①死亡したとき

　②適用事業所に使用されなくなったとき

　③適用除外の事由に該当するに至ったとき

　④任意適用事業所の取消しの認可または任意単独被保険者の資格喪失の認可があったとき

(2)　当日喪失

　以下のいずれかに該当した場合は、**該当した日（当日）**に厚生年金保険の被保険者の資格を喪失します。

　①**70歳**に達したとき（誕生日の前日）

　②被保険者の資格を喪失した日にさらに厚生年金保険の被保険者の資格を取得したとき

被保険者期間

国民年金・厚生年金保険とも、**月を単位**として計算します。

被保険者の資格を<u>取得した**月**</u>から<u>資格を喪失した**月の前月**</u>までが被保険者期間となります。

資格取得日が月の初日であっても末日であっても、その月から被保険者期間として計算します。なお、末日退職の場合、**その翌日**（翌月1日）が資格喪失日となりますので、退職した月まで被保険者期間として計算されます。

転職などで複数の被保険者期間がある場合は、それぞれの期間は合算されます。

■被保険者期間の計算例

退職日	資格喪失日	被保険者期間 （資格喪失月の前月まで）
3月30日	3月31日	2月まで
3月31日	4月1日	3月まで

なお、被保険者の資格を取得した月にその資格を喪失し（同月得喪）、国民年金の第1号もしくは第3号被保険者となる場合、その月は厚生年金保険の被保険者期間とはされません。

■同月得喪の例

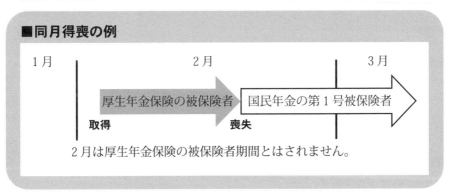

2月は厚生年金保険の被保険者期間とはされません。

11

保 険 料 (率)

重要度　　　[★★★]
進度チェック ☑ ☑ ☑

厚生年金保険の保険料

第1号厚生年金被保険者の保険料は、<u>標準報酬月額および標準賞与額に保険料率18.3％</u>（**男女共通**）を乗じて算出し、被保険者と事業主が折半で負担します。また、保険料率は、平成29年9月以後18.3％で固定されています**（平成30年9月以後、第2号・第3号厚生年金被保険者の保険料率も18.3％に統一された。第4号厚生年金被保険者の保険料率は、まだ引上げ途中である）**。

なお、平成15年3月以前は月額給与（標準報酬月額）に乗じる保険料率と賞与に乗じる保険料率が異なっていましたが、**総報酬制**が導入されたことにより、平成15年4月以後は<u>同じ率</u>を乗じることになりました。

そのため、年金額を算出する際も、平成15年3月までの期間は標準報酬月額だけを使用していましたが（**平均標準報酬月額**）、平成15年4月以後の期間については、標準賞与額も含めて計算することになりました（**平均標準報酬額**）。

納付方法

事業主は**翌月末日**までに、事業主分と被保険者分を併せて納付しなければなりません。事業主が被保険者の給与から保険料を控除できるのは、<u>前月分</u>に限られています。ただし、月末に退職する場合は**退職した月**までが被保険者期間となりますので、<u>前月分と当月分の保険料を当月の給与から控除することができます</u>。

免　除

<u>産前産後の休業期間および3歳未満の子を養育するための育児休業期間</u>は、事業主が実施機関に**申し出る**ことにより、**本人分・事業主分とも**保険料が免

除されます。なお、保険料が免除された期間の保険給付の額の計算に際しては、<u>保険料を納付した期間</u>と同様に扱われます。

免除期間

保険料が免除される期間および第1号厚生年金被保険者の保険料率（一般被保険者）の推移は、以下のとおりです。

■保険料が免除される期間

産前産後休業	産前産後休業**開始月**から終了日の**翌日が属する月の前月まで**
育児休業	育児休業**開始月**から終了日の**翌日が属する月の前月**まで

※　育児休業開始月と終了月が同一月の場合、育児休業を14日以上取得すれば、当該月の月額保険料は免除される。

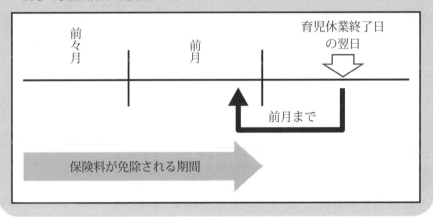

■第1号厚生年金被保険者の保険料率（一般被保険者）の推移

期　　　間	保険料率
平成24年9月以後	16.766％
平成25年9月以後	17.120％
平成26年9月以後	17.474％
平成27年9月以後	17.828％
平成28年9月以後	18.182％
平成29年9月以後	18.300％

12 標準報酬(1)

重要度　　　[★★★]
進度チェック ☑ ☑ ☑

出題【24年 3 月・問11】
【23年10月・問11】

標準報酬月額

　厚生年金保険の保険料は、標準報酬月額に保険料率を乗じて算出します。標準報酬月額とは、一定期間の報酬の平均額（報酬月額）を算出し、これを標準報酬月額等級表に当てはめて決定されるものです。

算出方法

　算出は、以下の方法で行われます。
　ステップ①：報酬の把握
　ステップ②：**報酬月額**を算出
　ステップ③：標準報酬月額等級表の等級区分に当てはめ、**標準報酬月額**を
　　　　　　　求める

ステップ①：報酬の把握

　報酬とは、賃金、給与、手当、賞与その他いかなる名称であっても、労働の対価として受け取る**すべて**のものが含まれます。**残業手当**、家族手当、**通勤手当**等や現物支給されるものも含まれます。ただし、臨時に受け取るものは除かれます。

　また、3ヵ月を超える期間ごとに受け取るものは賞与となるため、標準賞与額として保険料が計算されます。すなわち、4ヵ月ごとに年3回支払われる賞与等は標準賞与額の対象となり、3ヵ月ごとに年4回支払われる賞与等は賞与ではなく報酬としてカウントされますので、標準報酬月額の対象となります。

ステップ②：報酬月額を算出

(1) 定時決定

　毎年**4、5、6月**の3ヵ月間に受け取った報酬の平均額を計算します。これが報酬月額となります。ただし、給与の支払い対象となる日数（支払基礎日数）が17日未満の月は除かれます（通常の労働者の場合）。

　決定された標準報酬月額は、<u>その年の**9月**から**翌年の8月**</u>まで適用されます。

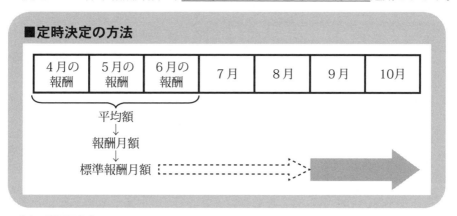

■定時決定の方法

| 4月の報酬 | 5月の報酬 | 6月の報酬 | 7月 | 8月 | 9月 | 10月 |

平均額
↓
報酬月額
↓
標準報酬月額

(2) 随時改定

　随時改定は、定時決定後に**固定的賃金**に大きな変動が生じた場合に、固定的賃金の変動が生じた月から起算して4ヵ月目から標準報酬月額が改定される仕組みです。ただし、要件として変動月以後の継続する**3ヵ月間**で見た標準報酬月額が従前の標準報酬月額と比較して、原則として**2等級**<u>以上の差が生じる必要があります</u>（また、通常の労働者の場合、3ヵ月すべての月の支払基礎日数が17日以上であることが必要）。

■標準報酬月額の適用期間

| 改定月が1～6月の場合 | その年の8月まで |
| 改定月が7～12月の場合 | 翌年の8月まで |

　なお、60歳以上の者で、定年退職後にそのまま同じ会社に再雇用された場合、同日得喪の手続きを行うと、<u>随時改定を待たず</u>、再雇用後の報酬に応じて標準報酬月額が決定されます。

13

標準報酬(2)

重要度　　　[★★☆]
進度チェック ☑ ☑ ☑

出題【24年 3 月・問11】
　　　【23年10月・問11】

ステップ③：標準報酬月額を求める

　報酬の平均額である報酬月額を次頁の等級表に当てはめて**標準報酬月額**を求めます。

【計 算 例】

- ・ 4 月の報酬：28.3万円
- ・ 5 月の報酬：26.2万円
- ・ 6 月の報酬：27.5万円

とすると、報酬月額は273,333円となります。

　次頁の標準報酬月額等級表にあてはめると「270,000円以上290,000円未満」は18等級に該当しますので、**標準報酬月額**は「**280,000円**」となります。

　この金額に保険料率を乗じて算出した金額が、原則として、<u>その年の 9 月から翌年の 8 月までの</u>**厚生年金保険の保険料**となります。

標準賞与額

　 3 ヵ月を超える期間ごとに支払われる報酬は、**標準賞与額**として保険料が算出されます。その月に受け取った賞与額の**1,000円未満**を切り捨てた額が標準賞与額となります。

　また、同じ月に 2 回以上に分けて賞与が支払われた場合は、<u>合算した額</u>が標準賞与額の対象となります。

　ただし、受け取った賞与の額が 1 ヵ月につき150万円を超える場合は、<u>標準賞与額を**150万円**</u>として計算することになります。

■標準報酬月額等級表（令和6年4月現在）

等　　級	標準報酬月額	報酬月額	
	円	円以上	円未満
1	88,000	～	93,000
2	98,000	93,000 ～	101,000
3	104,000	101,000 ～	107,000
4	110,000	107,000 ～	114,000
5	118,000	114,000 ～	122,000
6	126,000	122,000 ～	130,000
7	134,000	130,000 ～	138,000
8	142,000	138,000 ～	146,000
9	150,000	146,000 ～	155,000
10	160,000	155,000 ～	165,000
11	170,000	165,000 ～	175,000
12	180,000	175,000 ～	185,000
13	190,000	185,000 ～	195,000
14	200,000	195,000 ～	210,000
15	220,000	210,000 ～	230,000
16	240,000	230,000 ～	250,000
17	260,000	250,000 ～	270,000
18	280,000	270,000 ～	290,000
19	300,000	290,000 ～	310,000
20	320,000	310,000 ～	330,000
21	340,000	330,000 ～	350,000
22	360,000	350,000 ～	370,000
23	380,000	370,000 ～	395,000
24	410,000	395,000 ～	425,000
25	440,000	425,000 ～	455,000
26	470,000	455,000 ～	485,000
27	500,000	485,000 ～	515,000
28	530,000	515,000 ～	545,000
29	560,000	545,000 ～	575,000
30	590,000	575,000 ～	605,000
31	620,000	605,000 ～	635,000
32	650,000	635,000 ～	

年金受給権(1)

重要度　　　[★★★]
進度チェック ☑ ☑ ☑

受給権の発生

受給権は、受給権者の請求に基づいて**実施機関**が裁定します。実際は、年金請求書を年金事務所等に提出することによって行われています。

年金の支給期間

年金は、支給すべき事由が生じた月の**翌月**から、年金を受け取る権利が消滅した**月**まで支給されます。

また、年金の支給を停止すべき事由が生じたときは、その事由が生じた月の**翌月**からその事由が消滅した**月**までの分の支給を停止します。なお、同一月内に支給を停止すべき事由の発生と、その事由の消滅がある場合は支給停止されません（厚生年金保険法では「〜事由が生じた月の翌月」、国民年金法では「〜事由が生じた日の属する月の翌月」というように若干表現が異なる箇所があるが同様の意味である）。

【例】

老齢基礎年金⇒**65歳誕生日の前日**の属する月の**翌月分**から支給
繰上げの請求、繰下げの申出をした場合⇒請求、申出のあった日の属する月の翌月分から支給

受給権の保護

年金の受給権は**一身専属**であるため、原則として他人に譲渡したり、担保に供したり、差押えをすることはできません。

ただし、老齢基礎年金・付加年金・老齢厚生年金等を受ける権利については、国税滞納処分により差押えをすることができます。

年金額の計算における端数処理

年金額を算出する際の計算過程において 1 円未満の端数が生じた場合は、**50銭未満は切り捨て**、50銭以上は **1 円に切り上げ**ます。

算出された年金額に 1 円未満の端数が生じた場合は、50銭未満は切り捨て、50銭以上は 1 円に切り上げます。

支払期日

年金は、毎年**偶数月（2，4，6，8，10，12月）の15日**に前月と前々月の 2 ヵ月分が支払われます。すなわち**年 6 回**の支給です。金融機関の休業日に当たる場合は、直前の営業日となります。ただし、受給権発生後、最初に支払われる年金等は、奇数月に支給される場合があります。

各支払期月の支払額に 1 円未満の端数が生じた場合は、その端数は**切り捨て**ます。切り捨てられた支払額の端数は、 2 月期の支払額に加算されます。

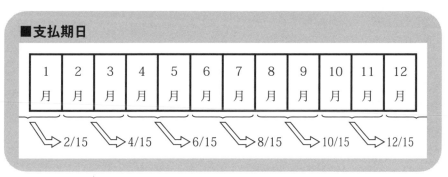

実施機関

年金の裁定をする機関は加入していた制度によって異なります。

国民年金の場合は厚生労働大臣（日本年金機構）。厚生年金保険の場合は種別によって実施機関が異なります（16頁『**8 厚生年金保険の被保険者(1)**』参照）。

年金受給権(2)

重要度　　[★★★]
進度チェック ☑ ☑ ☑

未支給年金

　年金は、前2ヵ月分が支払われる**後払い制度**のため、年金の受給権者が死亡した場合には、受け取れなかった年金（これを**未支給年金**という）が必ず発生します。

　未支給年金は、<u>死亡者と生計を同じくしていた</u>

①配偶者

②子

③父母

④孫

⑤祖父母

⑥兄弟姉妹

⑦上記①〜⑥以外の3親等内の親族（おい、めい等）

のうちの最先順位者が**自己の名**で請求することができ**一時金**で支払われます。

不服申立て（実施機関が厚生労働大臣（日本年金機構）の場合）

　被保険者の資格、年金給付や標準報酬等の処分に不服がある場合は、処分があったことを知った日の翌日から起算して**3ヵ月以内**に**社会保険審査官**に**審査請求**をすることができます（共済各法にも審査請求の制度がある）。

　社会保険審査官の決定に不服がある場合は、決定書の謄本が送付された日の翌日から起算して2ヵ月以内に**社会保険審査会**に**再審査請求**ができます。なお、審査請求をした日から2ヵ月以内に決定がない場合も、社会保険審査会に再審査請求をすることができます。

　裁判所への訴訟の提起は、原則として審査請求に対する社会保険審査官の決定を経た後でなければ、行うことはできません。

■不服申立ての流れ（実施機関が厚生労働大臣（日本年金機構）の場合）

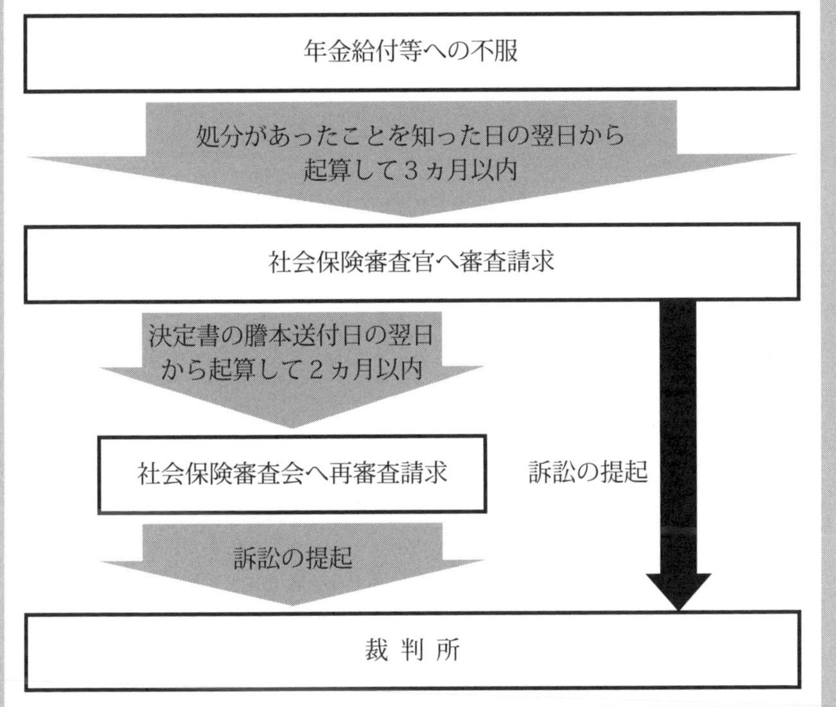

| 年金給付等への不服 |

↓ 処分があったことを知った日の翌日から起算して３ヵ月以内

| 社会保険審査官へ審査請求 |

↓ 決定書の謄本送付日の翌日から起算して２ヵ月以内

| 社会保険審査会へ再審査請求 |

訴訟の提起

↓ 訴訟の提起

| 裁 判 所 |

老齢給付

銀行業務検定試験

年金アドバイザー**3**級
直前整理**70**

老齢基礎年金の支給要件

重要度 　[★★★]
進度チェック ☑ ☑ ☑

出題【24年3月・問31】
　　　【23年10月・問31】

老齢基礎年金の支給要件

　国民年金より支給される**老齢基礎年金**は、以下の2つの要件を満たした場合に支給されます。

①**65歳**に達していること

②保険料納付済期間、保険料免除期間および合算対象期間を合計した期間が**10年以上**あること

保険料納付済期間

老齢基礎年金に関する保険料納付済期間は、以下の期間が該当します。

①国民年金の第1号被保険者期間および任意加入被保険者期間のうち<u>保険料を納めた期間</u>（保険料免除期間のうち追納された期間を含む）

②国民年金の第1号被保険者期間のうち**産前産後の保険料を免除された期間**

③国民年金の第2号被保険者期間のうち**20歳以上60歳未満**の期間

④国民年金の第3号被保険者期間…第3号被保険者の届出が遅滞した場合であっても、<u>特例の届出を行えば保険料納付済期間となる場合がある</u>

⑤昭和36年4月1日から昭和61年3月31日までの厚生年金保険（船員保険を含む）の被保険者または共済組合の組合員等であった期間のうち、**20歳以上60歳未満**の期間

⑥昭和61年3月までの国民年金の被保険者（任意加入被保険者を含む）であった期間のうち保険料を納めた期間

保険料免除期間

保険料免除期間は、次の期間が該当します。

①法定免除期間

②申請免除期間

　・保険料全額免除期間

　・保険料3/4免除期間

　・保険料半額免除期間

　・保険料1/4免除期間

③学生等の納付特例期間 ⎫ 追納しない限り、老齢基礎年金の年金額には反

④保険料納付猶予期間　 ⎭ 映されない。

※　保険料3/4、半額、1/4免除期間において、免除された額を除いた残額の納付すべき保険料を納付しない場合、その期間は保険料未納期間となり老齢基礎年金の年金額には反映されない。

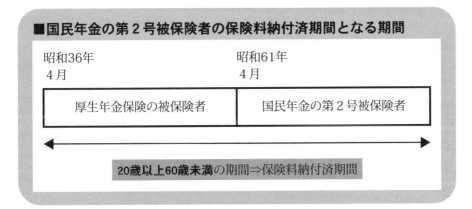

35

[老齢基礎年金]

17

合算対象期間

重要度　　　［★★★］
進度チェック ☑ ☑ ☑

出題【24年3月・問31】
　　　【23年10月・問31】

合算対象期間

　合算対象期間は、**受給権を発生させるために**設けられたもので、**昭和61年3月31日**までの被用者年金（厚生年金保険・共済年金）制度の加入者の配偶者が国民年金に任意加入しなかった期間等が該当します。

　被用者年金制度の加入者の配偶者である期間は、現状の制度では第3号被保険者として保険料納付済期間になります。しかし、昭和61年3月31日までは**任意加入**となっていたため、国民年金に加入していない者もいました。この期間について、未加入期間と扱うのは不合理のため、合算対象期間として受給資格期間に含めることになりました。

　ただし、合算対象期間は受給資格期間に算入することはできますが、老齢基礎年金の年金額には一切反映されません。そのため、「**カラ期間**」ともいわれています。

主な合算対象期間

　老齢基礎年金における主な合算対象期間は、以下のとおりです。
①昭和61年4月1日以後の期間
　・国民年金の第2号被保険者期間のうち**20歳未満および60歳以後の期間**
②昭和36年4月1日以後の期間
　・日本国籍を有している者で海外に居住している期間のうち**20歳以上60歳未満の期間**（60歳以上65歳未満の期間は含まれない）
　・日本国籍を取得した者または日本の**永住許可**を取得した者の海外在住期間のうち日本国籍を取得した日等の前日までの期間（20歳以上60歳未満の期間に限る）
　・**平成3年3月31日以前**の学生であった期間のうち、国民年金に任意加

入しなかった期間（20歳以上60歳未満の期間に限る）

③昭和36年4月1日以後昭和61年3月31日以前の期間

・被用者年金制度の加入期間のうち**20歳未満および60歳以後の期間**

・被用者年金制度の加入者の配偶者で国民年金に任意加入しなかった期間

・厚生年金保険の脱退手当金を受給した期間（ただし昭和61年4月から65歳に達する日の前日までの間に保険料納付済期間または保険料免除期間を有すること）

④**任意加入したが保険料が未納となっている期間**

・20歳以上60歳未満の期間に限る（国民年金に任意加入したが、保険料を納付しなかった60歳以上65歳未満の期間は、合算対象期間には含まれない）。

■合算対象期間（例）

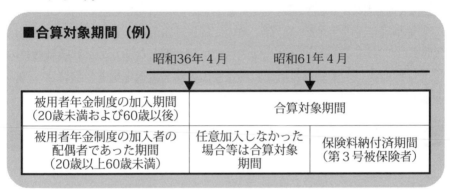

受給資格期間

　年金を受け取るために必要な加入期間のことを受給資格期間といいます。たとえば、「老齢基礎年金の受給資格期間を満たす」という場合は、「保険料納付済期間」、「保険料免除期間」および「合算対象期間」を合計した期間が**10年以上**ある、という意味です。また、単に資格期間という意味で受給資格期間を使うこともあります。たとえば、「受給資格期間が25年以上ある」という場合は、資格期間（保険料納付済期間、保険料免除期間、合算対象期間）が25年以上あるという意味です。

老齢基礎年金の金額

重要度　　　[★★★]

進度チェック ☑ ☑ ☑

出題【24年3月・問33】

【23年10月・問33】

老齢基礎年金の金額

老齢基礎年金の金額の計算式は、以下のとおりです（令和6年度）。

$$816,000円 \times \frac{保険料納付済期間＋保険料免除期間×一定の率}{480月（加入可能年数×12）}$$

保険料納付済期間

　老齢基礎年金の年金額の計算において国民年金の第2号被保険者の期間は、20歳以上60歳未満の期間だけが保険料納付済期間となるため、**20歳到達月の前月以前および60歳到達月以後の国民年金の第2号被保険者の期間**は、老齢基礎年金の年金額の基礎とはされません。

保険料免除期間

　保険料免除期間については、保険料免除の種類に応じて下の表に示した月数の分が年金額に反映されます。

　なお、保険料の一部免除の承認を受けた期間で、納付すべき保険料を納めなかった場合は、保険料未納期間なので年金額に反映されません。

■老齢基礎年金の金額に反映される割合（480月以下の場合）

	平成21年3月以前	平成21年4月以後
保険料1/4免除期間	5／6	7／8
保険料半額免除期間	2／3	3／4
保険料3/4免除期間	1／2	5／8
保険料全額免除期間	1／3	1／2

　また、保険料納付済期間と保険料免除期間を合算して480月を超える場合、

超えた保険料免除期間は<u>国庫負担分が反映されず自己負担分のみ年金額に反映されます。</u>

合算対象期間

　合算対象期間（**カラ期間**）は、老齢基礎年金の年金額の基礎とはなりません。そのため、昭和61年3月以前の被用者年金制度の加入者の配偶者であった期間で任意加入していなかった場合、または、任意加入していたが、未納であった場合、その期間は、老齢基礎年金の金額には反映されません。

　年齢が高い（＝合算対象期間が長い）者ほど、年金額に反映されない期間が長いので、一般に老齢基礎年金の金額も少なくなります。

■老齢基礎年金の金額への反映

	年金額への反映割合 （計算式の分子への反映）
保険料納付済期間	1
保険料免除期間	前頁の「■老齢基礎年金の金額に反映される割合」を参照
合算対象期間	0

国庫負担

　老齢基礎年金の財源は、被保険者が負担する保険料の他に、国庫が一部を負担します。これを国庫負担といいます。

　国庫負担割合は**平成21年3月**までは**1/3**でしたが、**平成21年4月**より**1/2**に引き上げられています。これに伴って保険料免除期間の年金額に反映される割合が変わっています。

【参　　考】国庫負担割合

平成21年3月以前	平成21年4月以後
1／3	1／2

老齢基礎年金の金額の計算

重 要 度　　　[★★★]
進度チェック ☑ ☑ ☑

出題【24年3月・問31・32】
　　【23年10月・問31・32】

受給資格期間

(1) 設 例

　A子さん（昭和39年3月1日生まれ、昭和62年4月結婚）の公的年金の加入歴が以下の場合、受給資格期間に算入される期間は、何ヵ月でしょうか。

　なお、夫（昭和34年6月15日生まれ）は結婚前から65歳に達するまで、厚生年金保険に加入していました。

―加入歴―――――――――――――――――――――――――――――――――

・昭和57年4月～昭和59年3月：㈱B社（厚生年金保険）

・昭和59年4月～昭和62年3月：国民年金（保険料未納）

・昭和62年4月～60歳に達するまで：国民年金（第3号被保険者）

(2) 解 答

受給資格期間：466ヵ月（昭和59年4月～昭和62年3月は含まれない）

・昭和57年4月～昭和59年1月**（22ヵ月）**：合算対象期間
（被用者年金制度の加入期間のうち、<u>20歳到達月の前月以前および60歳到達月以後の期間</u>）

・昭和59年2月～昭和59年3月**（2ヵ月）**：保険料納付済期間
（被用者年金制度の加入期間のうち、20歳到達月から60歳到達月の前月までの期間。なお、誕生日の前日に20歳に達するため、昭和59年2月から保険料納付済期間となる）

・昭和59年4月～昭和62年3月（36ヵ月）：保険料未納期間
（昭和59年4月～昭和61年3月は、<u>結婚前の期間のため合算対象期間とはならない</u>）

・昭和62年4月～令和6年1月**（442ヵ月）**：保険料納付済期間

40

老齢基礎年金の金額

(1) 設　例

　C夫さん（昭和38年4月15日生まれ）の公的年金の加入歴が以下の場合、老齢基礎年金の年金額の計算式はどうなるでしょうか（令和6年度価格）。

― 加入歴 ―
- 昭和57年4月～昭和63年3月：厚生年金保険（72ヵ月）
- 昭和63年4月～平成元年3月：未加入期間（12ヵ月）
- 平成元年4月～平成4年3月：保険料全額免除期間（36ヵ月）
- 平成4年4月～平成20年3月：保険料納付済期間（192ヵ月）
- 平成20年4月～平成29年3月：保険料半額免除期間（108ヵ月）
- 平成29年4月～60歳に達する：保険料4分の1免除期間（72ヵ月）
　　　　　　　　　まで

(2) 解　答

$$816{,}000円 \times \frac{(60ヵ月+36ヵ月\times1/3+192ヵ月+12ヵ月\times2/3+96ヵ月\times3/4+72ヵ月\times7/8)}{480月}$$

【ポイント】

①保険料納付済期間は、「厚生年金保険の被保険者期間のうち20歳以上60歳未満の期間」であるため、昭和57年4月～昭和58年3月（12ヵ月）は保険料納付済期間には含まれません

②保険料免除期間は平成21年（＝昭和84年）3月以前と平成21年4月以後で国庫負担割合が異なるため、年金額を計算する際には、両者を分けて計算します

③60歳に達する日（＝誕生日の前日）の**前月**までが国民年金の被保険者期間となります

振替加算

重要度　　　[★★★]
進度チェック ☑ ☑ ☑

振替加算

　昭和61年4月からの年金制度では、厚生年金保険等の被保険者の配偶者で一定の要件を満たした人（例えば専業主婦等）は第3号被保険者として国民年金に強制加入し、65歳からは老齢基礎年金を受給できるようになりました。昭和61年3月以前の年金制度においては、前述の配偶者は任意加入扱いであったため、任意加入しなかった人も多く、受け取る老齢基礎年金が低額になる場合がありました。そこで、このような人に支給される年金額を増額するために振替加算の制度ができました。

　振替加算の額は、老齢基礎年金の受給権者（例えば妻とする。以下同じ）の生年月日に応じて定められており、年齢が高い人ほど、振替加算は高額となります。

　なお、振替加算の対象となっている老齢基礎年金の受給権者（妻）が、任意加入等で満額の老齢基礎年金を受給できる場合であっても、振替加算は行われます。

支給要件

　振替加算は、老齢基礎年金の受給権者（妻）が、以下の要件を満たしたときに加算されます。

　①大正15年4月2日から昭和41年4月1日までの間に生まれた者であること

　②65歳に達した日の前日においてその者の配偶者（夫）に支給される老齢厚生年金等または1・2級の障害厚生年金等の**加給年金額の対象**となっていること

　③65歳に達した日において、②の年金給付の受給権者であるその者の配偶

42

者（夫）によって生計を維持されていること

④加入期間が原則20年以上の老齢厚生年金等を受けることができる者でないこと

■振替加算のイメージ図および金額（一部抜粋）

・夫が年上の場合

65歳

夫	報酬比例部分	老齢厚生年金
		老齢基礎年金
	加給年金額	

65歳

| 妻 | | 振替加算 |
| | | 老齢基礎年金 |

・妻が年上の場合

65歳

| 夫 | 報酬比例部分 | 老齢厚生年金 |
| | | 老齢基礎年金 |

65歳

| 妻 | | 振替加算 |
| | 老齢基礎年金 | |

　妻が65歳のときには振替加算が加算されず、夫が加給年金額の受給権を取得したときに振替加算が加算されます。その時点で夫に生計を維持されていることが要件となります。

・金額（令和6年度価格一部抜粋）

生年月日	振替加算額（円）
大正15.4.2〜昭和2.4.1	234,100
中　略	
昭和32.4.2〜昭和33.4.1	40,620
昭和33.4.2〜昭和34.4.1	34,516
昭和34.4.2〜昭和35.4.1	28,176
昭和35.4.2〜昭和36.4.1	21,836
昭和36.4.2〜昭和41.4.1	15,732
昭和41.4.2〜	—

老齢基礎年金の繰上げ請求

重要度　　　[★★☆]
進度チェック ☑ ☑ ☑

出題【24年3月・問40】
【23年10月・問39】

繰上げ請求

老齢基礎年金は原則として**65歳**から支給されますが、受給資格期間を満たしていれば、**本人の希望**により60歳から65歳に達するまでの間、繰上げ請求をすることができます。なお、国民年金の任意加入被保険者は、繰上げ請求を行うことはできません。

繰上げ請求をした場合、請求した日の属する月から65歳に達する日の属する月の前月までの月数に**0.4%**を乗じた額が減額され、この減額された年金の支給が**生涯**続きます（**令和4年3月31日以前に60歳に達している人**（昭和37年4月1日以前生まれ）**は従前の0.5%で計算します**）。

実際の支給は、繰上げ請求をした日の属する月の**翌月**からとなります。

■支給率

繰上げ請求時の年齢	支給率	
	昭和37年4月2日以後生まれ	昭和16年4月2日以後生まれ～ 昭和37年4月1日以前生まれ
60歳	76%	70%
61歳	80.8%	76%
62歳	85.6%	82%
63歳	90.4%	88%
64歳	95.2%	94%

注 意 点

繰上げ請求に際しては、次の点に注意が必要です。

①繰上げ請求を行った後は、取消しや変更はできません

②<u>繰上げ請求を行った後は、国民年金に任意加入することはできません</u>

③繰上げ請求を行った後は、原則として、障害基礎年金は支給されません

※ 繰上げ請求を行った後でも、初診日が国民年金の被保険者期間中にある場合であれば、障害基礎年金が支給されることがある

④繰上げ請求を行った後は、寡婦年金は支給されず、すでに寡婦年金を受給している場合は寡婦年金の受給権が消滅します

⑤<u>老齢基礎年金を繰り上げるときは、老齢厚生年金も**同時に**繰り上げなければなりません</u>

⑥付加年金も同時に繰り上げられ、**同じ率**で減額されます

⑦<u>振替加算を繰り上げることはできません</u>

■繰上げ請求をした場合の累計額（繰上げ減額率が1ヵ月あたり0.4％の場合）

老齢基礎年金の金額：816,000円

アミカケ部分は65歳支給開始時と同額程度となる年齢

	60歳	61歳	62歳	63歳	64歳	65歳…繰上げなし
61歳	620,160				単位：円	
62歳	1,240,320	659,328				
63歳	1,860,480	1,318,656	698,496			
64歳	2,480,640	1,977,984	1,396,992	737,664		
65歳	3,100,800	2,637,312	2,095,488	1,475,328	776,832	
66歳	3,720,960	3,296,640	2,793,984	2,212,992	1,553,664	816,000
80歳	12,403,200	12,527,232	12,572,928	12,540,288	12,429,312	12,240,000
81歳	13,023,360	13,186,560	13,271,424	13,277,952	13,206,144	13,056,000
82歳	13,643,520	13,845,888	13,969,920	14,015,616	13,982,976	13,872,000
83歳	14,263,680	14,505,216	14,668,416	14,753,280	14,759,808	14,688,000
84歳	14,883,840	15,164,544	15,366,912	15,490,944	15,536,640	15,504,000
85歳	15,504,000	15,823,872	16,065,408	16,228,608	16,313,472	16,320,000

※ 各列は、繰上げ開始年齢毎の累計額

[老齢基礎年金]

22

老齢基礎年金の繰下げの申出

重要度　　　[★★★]
進度チェック ☑ ☑ ☑

出題【24年3月・問34】
　　【23年10月・問12・34】

繰下げの申出

　老齢基礎年金は繰り下げて受給することができます。ただし、**66歳に達した日以後**（老齢基礎年金の受給権を取得した日から1年を経過した日以後）でなければ繰下げの申出はできません。受給権を取得した日から1年を経過した日までの間もしくはそれ以前に公的年金の障害や遺族に関する年金給付の受給権を有している場合は繰下げの申出はできません。

　繰り下げた年金は**繰下げの申出をした日の属する月の翌月分**から支給されます。繰下げの申出をした場合、受給権を取得した日の属する**月から**繰下げの申出をした日の属する月の**前月まで**の月数（上限120月※）に**0.7%**を乗じた額が増額されます（昭和16年4月2日以後生まれの場合。以下特に記載がなければこの生年月日の人に関する記述とする）。

※　原則、昭和27年4月2日以後生まれの場合

■支給率（昭和16年4月2日以後生まれ）

受給権発生日が65歳の場合の繰下げ申出時の年齢	支給率	受給権発生日が65歳の場合の繰下げ申出時の年齢	支給率
66歳	108.4%	71歳	150.4%
67歳	116.8%	72歳	158.8%
68歳	125.2%	73歳	167.2%
69歳	133.6%	74歳	175.6%
70歳	142.0%	75歳	184.0%

注 意 点

繰下げの申出に際しては、主に以下の点に注意が必要です。

①老齢厚生年金を同時に繰り下げる必要はありません

②**付加年金**も同時に繰り下げることになり、同じ率で**増額されます**

③**振替加算**も同時に繰り下げることになりますが、**増額されません**

④**75歳後**（受給権を取得して10年を経過した日後）に繰下げの申出をした場合は、**75歳にさかのぼって**申出をしたとされ、**さかのぼって支給されます**。その際の増額率は120ヵ月で計算されます。

■繰下げの申出をした場合の累計額

老齢基礎年金の金額：816,000円
アミカケ部分は65歳支給開始時と同額程度となる年齢

単位：円

	65歳 繰下げなし	66歳	67歳	68歳	69歳	70歳
	816,000 ↓	884,544 ↓	953,088 ↓	1,021,632 ↓	1,090,176 ↓	1,158,720 ↓
77歳	9,792,000	9,729,984	9,530,880	9,194,688	8,721,408	8,111,040
78歳	10,608,000	10,614,528	10,483,968	10,216,320	9,811,584	9,269,760
79歳	11,424,000	11,499,072	11,437,056	11,237,952	10,901,760	10,428,480
80歳	12,240,000	12,383,616	12,390,144	12,259,584	11,991,936	11,587,200
81歳	13,056,000	13,268,160	13,343,232	13,281,216	13,082,112	12,745,920
82歳	13,872,000	14,152,704	14,296,320	14,302,848	14,172,288	13,904,640

	65歳 繰下げなし	71歳	72歳	73歳	74歳	75歳
	816,000 ↓	1,227,264 ↓	1,295,808 ↓	1,364,352 ↓	1,432,896 ↓	1,501,440 ↓
82歳	13,872,000	13,499,904	12,958,080	12,279,168	11,463,168	10,510,080
83歳	14,688,000	14,727,168	14,253,888	13,643,520	12,896,064	12,011,520
84歳	15,504,000	15,954,432	15,549,696	15,007,872	14,328,960	13,512,960
85歳	16,320,000	17,181,696	16,845,504	16,372,224	15,761,856	15,014,400
86歳	17,136,000	18,408,960	18,141,312	17,736,576	17,194,752	16,515,840
87歳	17,952,000	19,636,224	19,437,120	19,100,928	18,627,648	18,017,280

※　各列は、繰下げ開始年齢毎の累計額

**[老齢厚生年金]**

特別支給の老齢厚生年金

重要度　　　[★★★]

進度チェック ☑ ☑ ☑

出題【24年 3 月・問14】
【23年10月・問14】

60歳台前半の老齢厚生年金（特別支給の老齢厚生年金）

　昭和61年 4 月の新法施行により、老齢厚生年金の支給開始年齢は**65歳**となりました。しかし、昭和61年 3 月までの旧厚生年金保険制度では、老齢年金として**60歳**から支給されていました。そこで、当分の間の措置として60歳台前半の者には**特別支給の老齢厚生年金**が支給されることになりました。

　年金額は、生年月日に応じて「**定額部分**」と、「**報酬比例部分**」で構成されています。さらに一定の要件を満たす場合には、「**加給年金額**」が加算されます。

　特別支給の老齢厚生年金は、65歳になると**失権**し、65歳からは老齢基礎年金と後述の本来の老齢厚生年金が支給されることになります。

　なお、特別支給の老齢厚生年金については、**繰下げの申出を行うことはできません**。

支給要件

　特別支給の老齢厚生年金は、以下の要件を満たすことにより支給されます。

①**1 年以上の厚生年金保険の被保険者期間を有している**こと

②老齢基礎年金の受給資格期間を満たしていること

　つまり、**10年以上の受給資格期間**があり、そのうち 1 年以上は厚生年金保険に加入していた者ということです。

定額部分

　定額部分は、定額単価（1,701円）を用いて、次の式で計算します（令和6 年度価格）。

1,701円 × 乗率※1 × 被保険者期間※2

※1 昭和21年4月2日以後生まれの**乗率は1.000**（下図参照）。
※2 昭和21年4月2日以後生まれは**480月が上限の月数**（下図参照）。

■生年月日ごとの定額単価の乗率および上限月数

生年月日	定額単価（1,701円）×乗率	上限の月数
大正15.4.2〜昭和 2.4.1	1.875	420
昭和 2.4.2〜昭和 3.4.1	1.817	
昭和 3.4.2〜昭和 4.4.1	1.761	
昭和 4.4.2〜昭和 5.4.1	1.707	432
昭和 5.4.2〜昭和 6.4.1	1.654	
昭和 6.4.2〜昭和 7.4.1	1.603	
昭和 7.4.2〜昭和 8.4.1	1.553	
昭和 8.4.2〜昭和 9.4.1	1.505	
昭和 9.4.2〜昭和10.4.1	1.458	444
昭和10.4.2〜昭和11.4.1	1.413	
昭和11.4.2〜昭和12.4.1	1.369	
昭和12.4.2〜昭和13.4.1	1.327	
昭和13.4.2〜昭和14.4.1	1.286	
昭和14.4.2〜昭和15.4.1	1.246	
昭和15.4.2〜昭和16.4.1	1.208	
昭和16.4.2〜昭和17.4.1	1.170	
昭和17.4.2〜昭和18.4.1	1.134	
昭和18.4.2〜昭和19.4.1	1.099	
昭和19.4.2〜昭和20.4.1	1.065	456
昭和20.4.2〜昭和21.4.1	1.032	468
昭和21.4.2以後	1.000	480

■老齢年金の全体図

特別支給の老齢厚生年金
60歳 〜 65歳

報酬比例部分	老齢厚生年金
定額部分	経過的加算額 / 老齢基礎年金

24

報酬比例部分

重要度　　　[★★★]
進度チェック ☑ ☑ ☑

出題【24年 3 月・問35】
【23年10月・問35】

報酬比例部分

　報酬比例部分は、以下のとおり、<u>被保険者であった期間の標準報酬月額や標準賞与額に再評価率を乗じたものの平均である</u>**平均標準報酬月額（平均標準報酬額）**と**被保険者期間の月数**によって決まります。

> ①（**平成15年 3 月**以前の期間）＋②（**平成15年 4 月**以後の期間）

①**平均標準報酬月額**×乗率[※]×平成15年 3 月以前の被保険者期間の月数
②**平均標準報酬額**×乗率[※]×平成15年 4 月以後の被保険者期間の月数

　※　乗率は、次頁参照。

平均標準報酬月額

平成15年 3 月以前の計算に使用します。

　被保険者であった期間の各月の保険料算出の基準となった標準報酬月額に再評価率を乗じた額の総額を被保険者期間の月数で除して求めます。再評価率は、賃金の上昇や物価の変動による過去と現在の貨幣価値の水準を修正するために使用します。

平均標準報酬額

平成15年 4 月以後は**総報酬制**が導入され、賞与からも月給と同様の保険料率で保険料を納めることになりました。

　そのため、これ以後については、被保険者であった期間の各月の<u>標準報酬月額と標準賞与額に再評価率を乗じた額の総額を被保険者期間の月数で除して求める</u>ことになりました。

■乗率表（新乗率）

生年月日	報酬比例部分の乗率（1000分の）	
	平成15年3月以前	平成15年4月以後
大正15.4.2〜昭和 2.4.1	9.500	7.308
昭和 2.4.2〜昭和 3.4.1	9.367	7.205
昭和 3.4.2〜昭和 4.4.1	9.234	7.103
昭和 4.4.2〜昭和 5.4.1	9.101	7.001
昭和 5.4.2〜昭和 6.4.1	8.968	6.898
昭和 6.4.2〜昭和 7.4.1	8.845	6.804
昭和 7.4.2〜昭和 8.4.1	8.712	6.702
昭和 8.4.2〜昭和 9.4.1	8.588	6.606
昭和 9.4.2〜昭和10.4.1	8.465	6.512
昭和10.4.2〜昭和11.4.1	8.351	6.424
昭和11.4.2〜昭和12.4.1	8.227	6.328
昭和12.4.2〜昭和13.4.1	8.113	6.241
昭和13.4.2〜昭和14.4.1	7.990	6.146
昭和14.4.2〜昭和15.4.1	7.876	6.058
昭和15.4.2〜昭和16.4.1	7.771	5.978
昭和16.4.2〜昭和17.4.1	7.657	5.890
昭和17.4.2〜昭和18.4.1	7.543	5.802
昭和18.4.2〜昭和19.4.1	7.439	5.722
昭和19.4.2〜昭和20.4.1	7.334	5.642
昭和20.4.2〜昭和21.4.1	7.230	5.562
昭和21.4.2以後	7.125	5.481

支給開始年齢の引上げ⑴

重要度 　　 [★★★]
進度チェック ☑ ☑ ☑

定額部分の支給開始年齢の引上げ

　60歳台前半の特別支給の老齢厚生年金は、あくまで**当分の間**の措置として支給されている制度でした。

　そのため、平成6年の改正において、特別支給の老齢厚生年金は見直しの対象とされ、<u>定額部分の支給開始年齢を段階的に引き上げる</u>ことになりました。

　定額部分の引上げのスケジュールは、**生年月日**および**性別**により異なります（次頁参照）。

　たとえば、昭和16年4月2日から昭和18年4月1日生まれの男子に支給される特別支給の老齢厚生年金は、60歳から61歳の間は報酬比例部分のみとなります。

　その後、定額部分の支給開始年齢は段階的に<u>引き上げ</u>られ、昭和24年4月2日以後生まれの男子には、定額部分が支給されません。

　そして、女子の支給開始年齢の引上げは、男子より**5年遅れ**で実施されます（第1号厚生年金被保険者の女子の場合）。

　なお、後述の加給年金額については、定額部分の支給開始にあわせて加算されます。

■支給開始年齢の引上げ（定額部分）のスケジュール

①男子：〜昭和16.4.1　女子：〜昭和21.4.1

60歳	65歳
報酬比例部分	老齢厚生年金
定額部分	老齢基礎年金

②男子：昭和16.4.2〜昭和18.4.1　女子：昭和21.4.2〜昭和23.4.1
…この生年月日の人から**定額部分の引き上げ**が開始されます。

60歳	65歳
報酬比例部分	老齢厚生年金
定額部分	老齢基礎年金

61歳

③男子：昭和18.4.2〜昭和20.4.1　女子：昭和23.4.2〜昭和25.4.1

60歳	65歳
報酬比例部分	老齢厚生年金
定額部分	老齢基礎年金

62歳

④男子：昭和20.4.2〜昭和22.4.1　女子：昭和25.4.2〜昭和27.4.1

60歳	65歳
報酬比例部分	老齢厚生年金
定額部分	老齢基礎年金

63歳

⑤男子：昭和22.4.2〜昭和24.4.1　女子：昭和27.4.2〜昭和29.4.1

60歳	65歳
報酬比例部分	老齢厚生年金
定額部分	老齢基礎年金

64歳

⑥男子：昭和24.4.2〜昭和28.4.1　女子：昭和29.4.2〜昭和33.4.1
…この生年月日の人から**定額部分は支給されません**。

60歳	65歳
報酬比例部分	老齢厚生年金
	老齢基礎年金

※　上記図の男子には第2号〜第4号厚生年金被保険者の女子を含む。
※　上記図の女子は、第1号厚生年金被保険者の女子に限る。

支給開始年齢の引上げ(2)

重要度　　　[★★★]
進度チェック　☑ ☑ ☑

出題【24年3月・問14・32】
【23年10月・問14・32】

報酬比例部分の支給開始年齢の引上げ

　平成6年改正で定額部分の支給開始年齢が引き上げられ、続いて平成12年改正では、報酬比例部分の支給開始年齢が段階的に引き上げられることになりました。引き上げの完了により、60歳台前半の者に支給される特別支給の老齢厚生年金は**廃止される**ことになります。

　報酬比例部分の引上げのスケジュールは、**生年月日**および**性別**により異なります（次頁参照）。

　たとえば、昭和28年4月2日から昭和30年4月1日生まれの男子には、61歳から報酬比例部分のみの特別支給の老齢厚生年金が支給されます。

　その後、支給開始年齢は段階的に引き上げられ、昭和36年4月2日以後生まれの男子には、原則として**65歳前に特別支給の老齢厚生年金は支給されなく**なります。

　なお、女子の支給開始年齢の引上げは男子より**5年遅れ**で実施されます（第1号厚生年金被保険者の女子の場合）。

定額部分の支給開始年齢に関する特例

　以下のいずれかに該当している者であって、**退職している**（＝被保険者ではない）場合には、報酬比例部分とあわせて**定額部分**が支給されます。ただし、報酬比例部分の支給開始より前に定額部分は支給されません。

　①長期加入者（厚生年金保険の被保険者期間が**44年以上の者。第1号～第4号厚生年金被保険者の期間を合算して44年ではなく、各々の期間のみで44年必要。**ただし、国家公務員共済組合と地方公務員共済組合の組合員期間は合算できる。17頁参照）

　②障害等級**3級**以上の障害の状態にある者

■支給開始年齢の引上げ（報酬比例部分）のスケジュール

①男子：昭和28.4.2〜昭和30.4.1　女子：昭和33.4.2〜昭和35.4.1

　…60歳〜61歳の間、**年金は支給されません。**

61歳	65歳
報酬比例部分	老齢厚生年金
	老齢基礎年金

②男子：昭和30.4.2〜昭和32.4.1　女子：昭和35.4.2〜昭和37.4.1

62歳	65歳
報酬比例部分	老齢厚生年金
	老齢基礎年金

③男子：昭和32.4.2〜昭和34.4.1　女子：昭和37.4.2〜昭和39.4.1

63歳	65歳
報酬比例部分	老齢厚生年金
	老齢基礎年金

④男子：昭和34.4.2〜昭和36.4.1　女子：昭和39.4.2〜昭和41.4.1

64歳65歳	
報酬比例部分 →	老齢厚生年金
	老齢基礎年金

⑤男子：昭和36.4.2〜　　　　　　女子：昭和41.4.2〜

　…この生年月日の人から**65歳**支給開始となります。

65歳
老齢厚生年金
老齢基礎年金

※　上記図の男子には第2号〜第4号厚生年金被保険者の女子を含む。

※　上記図の女子は、第1号厚生年金被保険者の女子に限る。

27

65歳以後の老齢厚生年金

65歳以後の老齢厚生年金

　60歳台前半の者に支給される特別支給の老齢厚生年金は、65歳になると失権し、65歳からは老齢基礎年金に上乗せされる形で本来の老齢厚生年金が支給されることになります。

　65歳以後の老齢厚生年金は、特別支給の老齢厚生年金の「報酬比例部分」に「経過的加算額」を加えた額となり、以下の要件を満たすことにより支給されます。

　①1ヵ月以上の厚生年金保険の被保険者期間を有していること

　②老齢基礎年金の受給資格期間を満たしていること

　つまり、10年以上の受給資格期間があり、そのうち1ヵ月以上は厚生年金保険に加入していた者ということです。

経過的加算額

　特別支給の老齢厚生年金の定額部分に相当する部分は、65歳以後に老齢基礎年金として支給されます。しかし、両者の計算式は異なっており、老齢基礎年金の方が低額となります。そこで両者の差額が、経過的加算額として支給されます。

　計算式は、以下のとおりです。（昭和31年 4 月 2 日以後生まれ）

$$（1,701円×乗率×被保険者期間の月数）－$$
$$816,000円×\frac{昭和36年 4 月以後の\textbf{20歳以上60歳未満}の厚生年金保険の被保険者期間の月数}{480月（加入可能年数×12）}$$

　つまり、定額部分の金額から、老齢基礎年金のうち20歳到達月から60歳到達月の前月までの厚生年金保険の被保険者期間に基づく期間の金額を引いた

額ということです。

　老齢基礎年金では、厚生年金保険の被保険者期間のうち、20歳到達月の前月以前および60歳到達月以後の期間は合算対象期間とされるため、年金額には全く反映されません。一方、特別支給の老齢厚生年金の定額部分においては、これらの期間も年金額に反映されます。このような差額を埋めるために経過的加算額が支給されることになります。

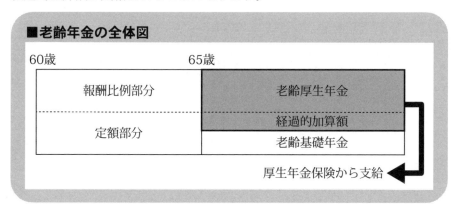

■老齢年金の全体図

60歳	65歳
報酬比例部分	老齢厚生年金
定額部分	経過的加算額
	老齢基礎年金

厚生年金保険から支給 ←

加給年金額

加給年金額

　以下の要件を満たした場合には、老齢厚生年金に加給年金額が加算されます。

①厚生年金保険の被保険者期間の月数が**240月（中高齢者の特例あり）以上**あること

②定額部分または65歳以後の老齢厚生年金の受給権を取得した当時、受給権者によって生計維持されていた**65歳未満の配偶者または18歳到達年度末**までにある子（障害等級1、2級に該当する状態にある20歳未満の子）があること

　生計維持とは、将来にわたって対象者（配偶者や子）の年収が**850万円未満**であり、生計を同じくしていることとされています。ただし、850万円以上であっても、近い将来（おおむね**5年以内**）に定年退職等で年収が850万円未満になることが明らかであれば生計維持と認められます。

　また、配偶者の加給年金額には、**特別加算額**が加算されます。その金額は、**受給権者**（例えば夫とする。以下同じ）の生年月日によって異なりますが、昭和18年4月2日以後生まれの場合、173,300円（令和6年度価格）となり、合計すると408,100円（令和6年度価格）となります。

　特別加算額は、受給権者（夫）の年齢が若いほど高額になります。

　また、特別支給の老齢厚生年金においては、定額部分が支給されるときに加給年金額が加算されるため、報酬比例部分のみの支給の場合には加算されません。

■加給年金額（令和6年度価格）

配 偶 者	234,800円　（＋特別加算額）
子（第1子・第2子）	各234,800円
子（第3子以降）	各78,300円

注意点

配偶者（妻）に原則として①の給付の受給権があるとき、または配偶者（妻）が②の給付を受けているときには、加給年金額は支給停止されます。

①加入期間が**240月以上**の老齢厚生年金

②障害年金（**3級の障害厚生年金を含む**）

他の注意点として、配偶者（妻）が年上の場合、受給権者（夫）の加給年金額の支給開始時に配偶者（妻）がすでに65歳に達しているときは、加給年金額は加算されません。

なお、<u>配偶者（妻）が老齢基礎年金を繰上げ受給した場合でも、加給年金額は**支給停止されません**</u>。

■加給年金額のイメージ

・男子：長期加入者の特例や障害者の特例等の場合
　…<u>定額部分</u>が支給されるときに加算されます。

65歳

報酬比例部分	老齢厚生年金
定額部分	老齢基礎年金
加給年金額	

配偶者65歳

・男子：昭和24.4.2生まれの場合

60歳　　　　　　　　65歳

報酬比例部分	老齢厚生年金
	老齢基礎年金
加給年金額	

配偶者65歳

・男子：昭和36.4.2以後生まれの場合

65歳

老齢厚生年金
老齢基礎年金
加給年金額

配偶者65歳

老齢厚生年金の金額の計算

重要度　　　[★★★]
進度チェック ☑ ☑ ☑

老齢厚生年金

(1) 設　例

D夫さん（昭和34年10月15日生まれ）は、昭和56年 4 月に㈱E社に就職し、令和 6 年 3 月31日付で同社を退職しました。

D夫さんの令和 6 年度基準（本来水準）の平均標準報酬月額は390,000円、平均標準報酬額は460,000円とした場合、退職後に受給できる老齢厚生年金（報酬比例部分）の年金額の計算式はどうなるでしょうか。

また、65歳から受給する老齢厚生年金に加算される経過的加算額の計算式はどうなるでしょうか。

生年月日	総報酬制の実施前		総報酬制の実施後	
	旧 乗 率	新 乗 率	旧 乗 率	新 乗 率
昭和21.4.2〜	7.50/1000	7.125/1000	5.769/1000	5.481/1000

(2) 解　答

■報酬比例部分の計算式

> [（390,000円×7.125/1000×264ヵ月）＋
> （460,000円×5.481/1000×252ヵ月）]

・平均標準報酬（月）額は本来水準のため、新乗率を使用します

・平成15年（＝昭和78年） 3 月以前と平成15年 4 月以後に分けて計算します

・報酬比例部分の計算のため、20歳未満および60歳以後の期間も含まれます

・定額部分とは異なり、480ヵ月の上限はありません

■経過的加算額の計算式

> **(1,701円×480ヵ月)－(816,000円×462ヵ月/480ヵ月)**

・経過的加算額の計算式は、**定額部分**から**老齢基礎年金**のうち20歳到達月から60歳到達月の前月までの厚生年金保険の被保険者期間に基づく期間の額を**引いた額**です

・定額部分の被保険者期間には、20歳未満および60歳以後の期間が含まれますが、上限月数は480ヵ月となっています

・老齢基礎年金を計算する際の保険料納付済期間は、厚生年金保険の被保険者期間のうち20歳到達月から60歳到達月の前月までの期間が対象となるため、昭和56年4月から令和元年9月までの38年6ヵ月（462ヵ月）となります

■D夫さん（昭和34年10月15日生まれ）の年金体系図

64歳	65歳	
報酬比例部分	老齢厚生年金	
	経過的加算額	
	老齢基礎年金	

他の給付

■設例以外には、以下の給付が支給されます

・老齢基礎年金（昭和56年3月以前に保険料納付済期間がない場合）

　816,000円×462/480＝**785,400円**

・加給年金額（対象となる配偶者がいる場合）

　234,800円＋173,300円（特別加算額）＝408,100円

[老齢厚生年金]

30

経過的な繰上げ支給の老齢厚生年金

重要度　　　[★★★]
進度チェック ☑ ☑ ☑

出題【24年 3 月・問39・40】
　　【23年10月・問39・40】

報酬比例部分のみ受け取れる年代の繰上げ

　昭和28.4.2〜昭和36.4.1生まれの人（第 1 号厚生年金被保険者の女子は昭和33.4.2〜昭和41.4.1生まれ）は、特別支給の老齢厚生年金の報酬比例部分の支給開始年齢が61歳〜64歳です。この場合、**支給開始年齢前**に、老齢厚生年金（報酬比例部分）の繰上げ請求を行うことができます。

　65歳以後の老齢厚生年金には、経過的加算額が加算されていますが、報酬比例部分と同様に経過的加算額も繰り上げられることになります。

　報酬比例部分の減額率は、繰上げ請求月から**支給開始年齢到達月の前月までの月数を基準**として 1 ヵ月あたり0.4(0.5)％となります。また、経過的加算額は繰上げ請求月から65歳到達月の前月までの月数を基準として 1 ヵ月あたり0.4(0.5)％の減額となります。

　計算式は、「報酬比例部分」から「報酬比例部分と経過的加算額の減額分」を差し引いてから「経過的加算額」を全額加えることになっています。

・計算方法

　Ａ：繰上げ請求月から支給開始年齢到達月の前月までの月数
　Ｂ：繰上げ請求月から65歳到達月の前月までの月数

■老齢厚生年金

【報酬比例部分－{（報酬比例部分×0.4(0.5)％×Ａ）＋
　　　　（経過的加算額×0.4(0.5)％×Ｂ)}＋経過的加算額】

62

■老齢基礎年金

【老齢基礎年金の金額－（老齢基礎年金の金額×0.4(0.5)％×B）】

　なお、老齢厚生年金の繰上げ請求をする場合には、老齢基礎年金も同時に繰り上げなければならず、繰り上げ請求月から65歳到達月の前月までの月数を基準として1ヵ月あたり**0.4(0.5)％**の減額となります。

　加給年金額については、繰り上げることはできません。

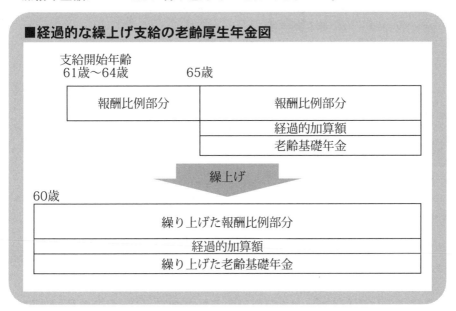

■経過的な繰上げ支給の老齢厚生年金図

　令和4年4月1日以後に60歳に達する人、つまり昭和37年4月2日以後生まれの人は、1ヵ月あたり0.4％減額されますが、令和4年3月31日までに60歳に達している人は、従前どおり1ヵ月あたり0.5％減額されます。

31

経過的な繰上げ支給の老齢厚生年金の年金額計算

重要度　　　[★★★]
進度チェック ☑ ☑ ☑

経過的な繰上げ支給の老齢厚生年金の年金額計算

(1) 設　例

F 子さん（昭和37年 4 月15日生まれ）は、令和 7 年 1 月10日に22年間勤務した㈱G 社を退職する予定です。F 子さんの厚生年金保険の加入歴は、通算して24年です。

F 子さん退職後の年金見込額は、報酬比例部分が1,200,000円、65歳からの老齢厚生年金は1,256,388円（うち経過的加算額56,388円）、老齢基礎年金は816,000円です。

なお、自営業を営んでいる夫（昭和39年 6 月25日生まれ）は、加給年金額（408,100円）の対象となる要件を満たしています。

F 子さんが令和 7 年 1 月に繰上げ請求した場合の老齢基礎年金の金額はいくらになるでしょうか。また、老齢厚生年金の計算式はどうなるでしょうか。

(2) 解　答

・F 子さんは昭和37年 4 月 2 日以後生まれなので、1 ヵ月あたり0.4％減額されます

■老齢基礎年金の金額

816,000円－816,000円×（0.4％×27ヵ月）＝**727,872円**

・老齢基礎年金の繰上げについては、44頁『**21 老齢基礎年金の繰上げ請求**』を参照してください

・繰上げ請求月から65歳到達月の前月までの月数は27ヵ月となります

・経過的な繰上げ支給の老齢厚生年金と老齢基礎年金は、同時に繰上げ請求しなければなりません

■老齢厚生年金の計算式

> 1,200,000円 −（1,200,000円×0.4％× 3 ヵ月
> ＋56,388円×0.4％×27ヵ月）＋56,388円

- 経過的な繰上げ支給の老齢厚生年金は、60歳から報酬比例部分の支給開始年齢（設例の場合、63歳）に達するまでの間であれば**いつでも請求**できます
- 報酬比例部分の減額分と経過的加算額の減額分とに分けて計算します
- 報酬比例部分は、令和 7 年 1 月から支給開始年齢の前月（設例の場合、63歳到達月の前月）までの月数を基準に **1 ヵ月あたり0.4％**の減額率で計算します
- 経過的加算額は繰上げ請求月（設例の場合、令和 7 年 1 月）から65歳到達月の前月までの月数を基準に **1 ヵ月あたり0.4％**の減額率で計算します
- 計算式は、「報酬比例部分」から「報酬比例部分と経過的加算額の減額分」を引いてから、経過的加算額を加えます
- 加給年金額は繰り上げることができず、65歳から加算が開始されます

■F子さん（昭和37年 4 月15日生まれ）の繰上げイメージ図

繰上げ請求	63歳	65歳	
	報酬比例部分	老齢厚生年金	
		経過的加算額	
		老齢基礎年金	
	加給年金額		

※ 生年月日によって1 ヵ月あたりの減額率が異なるので注意（0.4％もしくは0.5％）

32

老齢厚生年金の繰下げの申出

重要度　　[★★★]
進度チェック ☑☑☑

出題【24年3月・問34】
【23年3月・問34】

繰下げの申出

65歳以後の老齢厚生年金は繰り下げて受給することができます。ただし、**66歳に達した日以後**（老齢厚生年金の受給権を取得した日から1年を経過した日以後）でなければ繰下げの申出はできません。繰り下げた年金は**繰下げの申出をした月の翌月分**から支給されます。

老齢基礎年金を67歳から、老齢厚生年金を69歳からというように別々に繰り下げて受給することも可能です。ただし、第1号～第4号厚生年金被保険者の加入期間を有する老齢厚生年金は各号に関する老齢厚生年金を同時に繰り下げる必要があります。

老齢基礎年金の繰下げとの違い

老齢基礎年金の場合、受給権を取得した日から1年を経過した日までの間もしくはそれ以前に公的年金の障害や遺族に関する年金給付の受給権を有している場合は繰下げの申出はできません。老齢厚生年金の場合もほぼ同じですが、**障害基礎年金**の受給権を有している場合であっても老齢厚生年金の繰下げの申出は可能であるという点が違います。

注 意 点

老齢厚生年金を繰り下げた場合、**加給年金額は増額されずに**繰下げ受給開始時点から支給されます。また、特別支給の老齢厚生年金と、65歳以後の老齢厚生年金は異なる年金なので、特別支給の老齢厚生年金を受給しても、65歳以後の老齢厚生年金を繰り下げて受給できます。

繰下げの増額率の計算

受給権を取得した日の属する**月から**繰下げの申出をした日の属する月の**前月までの**月数（上限120月※）に**0.7%**を乗じた額が増額率となります。

※　原則、昭和27年 4 月 2 日以後生まれの場合

■計算例

67歳に達した月に老齢厚生年金の繰下げの申出をした場合

　　　増額率＝0.7%×24月＝16.8%　　　　支給率は116.8%となります。

繰下げのイメージ

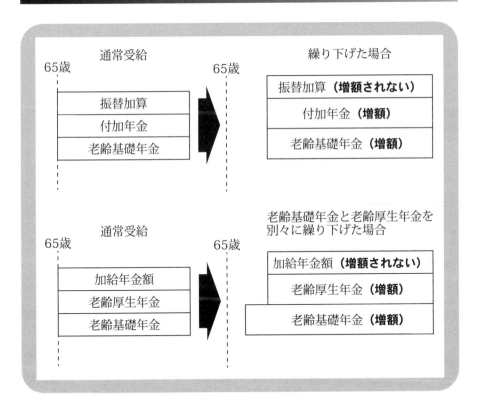

33

在職老齢年金(1)

重要度　　　[★★★]
進度チェック ☑ ☑ ☑

出題【24年3月・問37】
　　【23年10月・問37】

在職老齢年金

　老齢厚生年金の受給権者が、原則として**厚生年金保険の被保険者**である場合、報酬と年金額に応じて年金の一部または全部が支給停止となることがあります。この場合、支給される年金を**在職老齢年金**といいます。

　法改正により令和4年4月以後は、60歳台前半と65歳以後で支給停止の仕組みが同じになりました。

在職老齢年金の計算式

　在職老齢年金の計算式は、次のとおりとなります。

> 基本月額－{(総報酬月額相当額＋基本月額－**50万円**)×1/2}

(1)　基本月額

　基本月額は、報酬比例部分を12で除した額です。

　老齢基礎年金、経過的加算額、加給年金額は基本月額に算入されません。

　定額部分は、本来であれば基本月額に算入されるのですが、定額部分が支給される長期加入者の特例や障害者の特例は、厚生年金保険の被保険者でないことが条件なので、厚生年金保険の被保険者であることが条件である60歳台前半の在職老齢年金と同時には該当しません。

(2)　総報酬月額相当額

　「その月の標準報酬月額」に「その月以前1年間の標準賞与額（**1ヵ月につき150万円が上限**）の総額を12で除した額」を加えた額です。

■総報酬月額相当額の計算例（賞与は毎年6月と12月に支給）（単位：万円）

月	R5 .12	R6 .1	2	3	4	5	6	7	8	9	10	11	12
標準報酬月額	30	30	30	30	30	30	30	30	30	30	30	30	30
標準賞与額	60						60						30
総報酬月額相当額							40						37.5

・令和6年6月の総報酬月額相当額

> その月の標準報酬月額：30万円
> その月以前1年間の標準賞与額の総額を12で除した額：（60万円＋60万円）÷12＝10万円
> 総報酬月額相当額：30万円＋10万円＝**40万円**

・令和6年12月の総報酬月額相当額

> その月の標準報酬月額：30万円
> その月以前1年間の標準賞与額の総額を12で除した額：（60万円＋30万円）÷12＝7.5万円
> 総報酬月額相当額：30万円＋7.5万円＝**37.5万円**

■在職老齢年金の対象となる部分のイメージ図

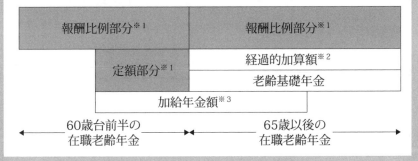

※1　アミカケの部分は、在職老齢年金の対象となる部分。
※2　経過的加算額は、減額の対象にはならない。
※3　報酬比例部分の全額が支給停止されているときは加給年金額も全額支給停止され、報酬比例部分の一部が支給されているときは加給年金額は全額支給される。

在職老齢年金(2)

重要度　　　[★★★]
進度チェック ☑ ☑ ☑

出題【24年 3 月・問37】
　　　【23年10月・問37】

在職老齢年金の計算式

　H子さん（昭和36年 4 月15日生まれ）は、60歳以後も引き続き厚生年金保険に加入して勤務しています。

・令和 6 年度の報酬比例部分の額：120万円
・令和 6 年 6 月の総報酬月額相当額：42万円
・令和 6 年12月の総報酬月額相当額：30万円

とした場合の、令和 6 年 6 月、12月の「基本月額」「支給停止額」「支給月額」をそれぞれ求めてください。

■基本月額・支給停止額・支給月額の金額

令和 6 年 6 月

	金　額	計　算　式
基本月額	10万円	120万円÷12
支給停止額	1万円	（42万円＋10万円－50万円）×1/2
支給月額	9万円	10万円－1万円

令和 6 年12月

	金　額	計　算　式
基本月額	10万円	120万円÷12
支給停止額	停止なし	（30万円＋10万円）＜50万円
支給月額	10万円	10万円－0円

70歳以後の在職老齢年金

70歳以上の人は原則として厚生年金保険の被保険者ではありませんが、適用事業所において、被保険者と同等の労働条件で勤務している70歳以上の人は、**在職老齢年金の仕組みで年金額が支給停止されます**。給料や賞与の金額は、事業主が管轄の年金事務所に届け出ます。

在職定時改定

厚生年金保険に加入しながら老齢厚生年金を受給している**65歳以上70歳未満の人**が、原則として基準日（9月1日）において被保険者であるときは、前年9月から当年8月までの被保険者期間を算入して再計算し、当年の**10月分（12月受取分）の年金額から改定**されます。

毎年、老齢厚生年金が増額するため、在職老齢年金を計算するときの基本月額に影響します。

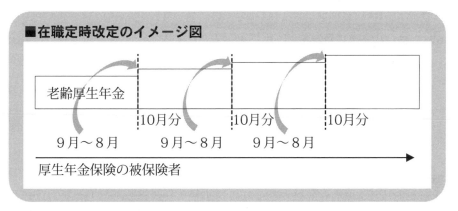

■在職定時改定のイメージ図

退職時改定

退職した場合は、<u>退職した日から起算して1ヵ月を経過した日の属する月から</u>年金額が改定されます。たとえば、3月31日に退職した場合には、4月から年金額が改定されることになります。ただし、被保険者の資格を喪失した日から起算して1ヵ月を経過する前に、再度被保険者の資格を取得しないことが条件です。

失業給付（基本手当）と高年齢求職者給付金

重要度　　　［★★★］
進度チェック　☑☑☑

出題【24年3月・問15】
　　　【23年10月・問15】

基本手当

雇用保険の一般被保険者が離職し、働く**意思と能力**があるにもかかわらず、職業に就くことができない場合に、雇用保険制度から失業給付（**基本手当**）が支給されます。

基本手当の受給のためには求職活動を行う必要がありますので、<u>働く意思と能力のない者は基本手当を受給できません。</u>

受給要件

基本手当を受給するためには、一般被保険者（65歳未満）であって、以下のいずれかの要件に該当する必要があります。

①離職日以前原則**2年間**に通算して被保険者期間が**12ヵ月以上**あること
②解雇、倒産等の理由により離職した場合には、離職日以前の原則1年間に被保険者期間が通算して6ヵ月以上あること

所定給付日数

基本手当を受け取ることができる日数（**所定給付日数**）は、退職した理由や年齢、被保険者であった期間などによって決められており、一般の受給資格者よりも就職困難者の方が多くなっています。

■自己都合・定年退職等（全年齢）

被保険者であった期間	10年未満	10年以上20年未満	20年以上
所定給付日数	90日	120日	150日

受給期間

　基本手当を受給できるのは、原則として、離職日の翌日から**1年間**です。
　ただし、60歳以上の定年等で離職し、すぐに働かない場合には、**申請**により最長で**1年間**延長することもできます。

支給金額

　基本手当の日額は、**賃金日額**（離職日以前6ヵ月間に支払われた賞与を除いた賃金総額を180で除した額）に、給付率（45％〜80％）を乗じた額となります。

受給スケジュール

　離職後、事業主より交付される**離職票**をその者の**住所地**を管轄するハローワークに持参し、「求職の申込み」を行います。求職申込みをした日以後は**7日間**の待期期間が設けられており、この間は基本手当が支給されません。
　待期期間経過後、自己都合退職等の場合はさらに**給付制限**（1ヵ月〜3ヵ月）が行われ、給付制限期間の経過後に基本手当の支給が開始されます。自己都合退職の場合の給付制限期間は、一般的に**2ヵ月**（5年間のうち2回まで。それ以上は3ヵ月）となっています。会社都合や定年退職等の場合には給付制限はありません。
　基本手当を受給するには、**4週間に1度**ハローワークへ出頭し、失業の認定を受ける必要があります。

高年齢求職者給付金

　高年齢被保険者（65歳以上）が離職した場合、離職の日以前1年間に被保険者期間が通算して原則**6ヵ月以上**あれば高年齢求職者給付金が受給できます。支給額は、被保険者であった期間に応じて基本手当日額の**30日分**もしくは**50日分**が**一時金**として支給されます。
　また、高年齢求職者給付金を受給しても年金は支給停止されません。

■支給日数

被保険者であった期間	1年未満	1年以上
支給日数	30日分	50日分

36

失業給付（基本手当）と特別支給の老齢厚生年金

重要度　　　[★★★]
進度チェック　☑ ☑ ☑

出題【24年3月・問15】
　　【23年10月・問15】

特別支給の老齢厚生年金との関係

　特別支給の老齢厚生年金の受給権者が、雇用保険の失業給付（基本手当）を受けられる場合、特別支給の老齢厚生年金は**支給停止**されます。

　支給停止される期間は、求職の申込みを行った日の属する月の**翌月**から、基本手当を受けることができる期間の経過した月、または所定給付日数分の受給が**終了する月**までです。

　求職の申込みが年金受給権の発生前の場合は、年金受給権を取得した月の**翌月分**から停止されます。

支給停止が行われない場合

　以下のいずれかに該当する月は、特別支給の老齢厚生年金の支給停止は行われません。

　①受給権者が基本手当の支給を受けた日とみなされる日およびこれに準ずる日が1日もない月（「これに準ずる日」とは、自己都合の離職理由による基本手当の給付制限期間などをいう）

　②在職老齢年金により特別支給の老齢厚生年金の全部または一部が停止されている月

事後精算

　基本手当を1日でも受給した月があると、その月の特別支給の老齢厚生年金は支給停止になります。また、基本手当の給付制限が行われている場合も、特別支給の老齢厚生年金は支給停止となります。そのため、基本手当の受給が終了した際に、実際に基本手当を受給していた日数分の月数と特別支給の老齢厚生年金が支給停止となっていた月数を対応させるために事後精算が行

われます。

　以下の式で算出した数が**1以上**あるときは、直近の支給停止月から順次前にさかのぼって支給停止が解除され、その解除された月数分の特別支給の老齢厚生年金が支給されます。

■支給停止解除月数

> 年金停止月数　－（基本手当の支給対象となった日数÷30)※

※　1未満の端数が生じたときは、1に切上げ。

■計算例

● 4月に求職の申込みを行い9月まで基本手当を受給した場合

月	4月	5月	6月	7月	8月	9月	10月
受給日数		15日	30日	31日	31日	13日	
年金	支給	停止	停止	停止	停止	停止	支給

・【年金停止月数】5ヵ月
・【基本手当の支給対象となった日数÷30】
　　120÷30＝4
・【支給停止解除月数】
　　5－4＝1

⇒事後精算で直近の年金停止月から**さかのぼって**支給停止が解除され、9月分の年金が支給されます。

37 [雇用保険]

高年齢雇用継続給付

重要度 [★★★]

進度チェック ☑ ☑ ☑

出題【24年 3 月・問38】
【23年10月・問38】

高年齢雇用継続給付

　60歳以後に働き続けた場合で、60歳到達時に比べ**賃金が大きく低下**した者に対して、雇用保険制度から**高年齢雇用継続給付**が支給されます。

　高年齢雇用継続給付は、雇用保険の被保険者で、60歳以後の賃金が60歳到達時の賃金の**75％未満**に低下した場合に支給され、「**高年齢雇用継続基本給付金**」と「**高年齢再就職給付金**」の 2 種類の給付があります。

支給要件

　高年齢雇用継続基本給付金および高年齢再就職給付金は、60歳から65歳までの期間において、以下の要件に該当した場合に支給されます。

(1)　高年齢雇用継続基本給付金

①雇用保険の被保険者であった期間が通算して **5 年以上**あること

②60歳以後の賃金が60歳到達時賃金※1に比べて**75％未満**に低下したこと

③60歳到達の時点で被保険者であった期間が 5 年に満たない場合は、 5 年に達した以後の賃金が、受給資格発生時点の登録賃金に比べて75％未満に低下したこと

④60歳以後の賃金が、370,452円（令和 5 年 8 月 1 日から）※2未満であること

※ 1　上限額486,300円、下限額82,380円。

※ 2　原則として毎年 8 月に改定される（本項の※ 2 部分に共通）。

(2)　高年齢再就職給付金

①失業給付（基本手当）の支給を受けたことのある者で、**60歳以後に再就職**して雇用保険の被保険者となったこと

②失業給付（基本手当）の所定給付日数を算定する際の被保険者であった期間が **5 年以上**であったこと

③再就職後の賃金が、基本手当の日額を計算する際の賃金日額に30を乗じた額の**75％未満**に低下したこと

④再就職日の前日の基本手当の支給残日数が**100日以上**であること

⑤再就職後の賃金が370,452円（令和 5 年 8 月 1 日から）※2未満であること

支給期間

(1)　高年齢雇用継続基本給付金

原則として、60歳到達月から**65歳到達月**まで※となります。

(2)　高年齢再就職給付金

①基本手当の支給残日数が200日以上あるとき…**2 年間**を限度に再就職日の属する月から65歳到達月まで※

②基本手当の支給残日数が100日以上あるとき…**1 年間**を限度に再就職日の属する月から65歳到達月まで※

※　各歴月の初日から末日まで被保険者であることが必要。

高年齢雇用継続基本給付金の金額

　高年齢雇用継続基本給付金の給付金額は、60歳以後に受ける賃金の60歳到達時賃金に対する低下率に応じて決まります。賃金の低下率が**61％未満**の場合、給付金額は、各月に支払われた賃金の**15％**となります。なお、「各月に支払われた賃金」とは、その月に実際に支払われた賃金のことであり、標準報酬月額のことではありません。

　賃金には賞与は含まれず、賃金と給付金額の合計額には上限（370,452円（令和 5 年 8 月 1 日から）※2）が設けられています。

■高年齢雇用継続基本給付の支給額の計算

低　下　率	給付金額
61％未満	各月に支払われた賃金×**15％**
61％以上 ～ 75％未満	各月に支払われた賃金に15％から一定割合で逓減する率を乗じた額

※　令和 7 年度から新たに60歳となる人の給付率の上限は15％から10％に縮小され、特別支給の老齢厚生年金との併給における調整率も 6 ％から 4 ％に縮小される予定。

77

高年齢雇用継続給付と特別支給の老齢厚生年金

重要度　　　[★★★]

進度チェック ☑ ☑ ☑

出題【24年3月・問38】

【23年10月・問38】

特別支給の老齢厚生年金との関係

　特別支給の老齢厚生年金を受け取ることができる者が60歳以後に働き続けて賃金を受けると、在職老齢年金の仕組みにより、老齢厚生年金の一部または全部が支給停止されることがあります。

　また、支給要件を満たした場合には、雇用保険から高年齢雇用継続給付が支給されます。この場合、特別支給の老齢厚生年金は、在職老齢年金の仕組みによる支給停止に加え、さらに年金額の支給が停止されます。

　支給停止となる年金額は、60歳到達時賃金に対する標準報酬月額の低下率に応じて計算されます（高年齢雇用継続基本給付金の場合）。なお、計算する際は、実際に支払われた賃金ではなく、**標準報酬月額が用いられます**。

■支給停止となる年金額

低下率	年金の支給停止額
～61％未満	標準報酬月額×**6％**
61％以上～75％未満	標準報酬月額に6％から一定割合で逓減する率を乗じた額

■支給停止率

標準報酬月額にかかる支給停止率早見表			
低下率	年金の支給停止率	低下率	年金の支給停止率
75.0％以上	0.00％	67.0％	3.12％
74.0％	0.35％	66.0％	3.56％
73.0％	0.72％	65.0％	4.02％
72.0％	1.09％	64.0％	4.49％
71.0％	1.47％	63.0％	4.98％
70.0％	1.87％	62.0％	5.48％
69.0％	2.27％	61.0％未満	6.00％
68.0％	2.69％	―	―

■高年齢雇用継続基本給付金早見表（令和5年8月から）

60歳以後の賃金	60歳到達時の賃金（単位：円）					
	486,300※	450,000	400,000	350,000	300,000	250,000
320,000	29,248	11,456	0	0	0	0
300,000	42,300	24,510	0	0	0	0
280,000	42,000	37,576	13,076	0	0	0
250,000	37,500	37,500	32,675	8,175	0	0
220,000	33,000	33,000	33,000	27,764	3,278	0
200,000	30,000	30,000	30,000	30,000	16,340	0
180,000	27,000	27,000	27,000	27,000	27,000	4,896
150,000	22,500	22,500	22,500	22,500	22,500	22,500
120,000	18,000	18,000	18,000	18,000	18,000	18,000
100,000	15,000	15,000	15,000	15,000	15,000	15,000

※ 60歳到達時の賃金が486,300円以上の場合は、486,300円として算出する。

■60歳以後の賃金と各給付の関係

60歳以後に賃金を得ると…

特別支給の老齢厚生年金は基本月額と総報酬月額相当額に応じて減額される（**在職老齢年金**）

雇用保険より高年齢雇用継続給付が支給される
最大で実際に支払われた**賃金の15％**

さらに在職老齢年金が減額される
最大で**標準報酬月額の6％**

障害・遺族給付

銀行業務検定試験

年金アドバイザー**3**級
直前整理**70**

障害基礎年金

重 要 度　　　[★★★]
進度チェック ☑ ☑ ☑

出題【24年3月・問18】
　　　【23年10月・問18】

障害基礎年金の支給要件

以下の<u>いずれにも</u>該当する者に障害基礎年金が支給されます。
①**初診日**に国民年金の被保険者であるか、または被保険者であった者で
　あって、**60歳以上65歳未満**の者で日本国内に住所を有する者であること
②障害認定日に障害等級**1級**または**2級**の障害の状態にある者であること
③保険料納付要件を満たしている者であること

初 診 日

障害の原因となった傷病について、<u>初めて医師または歯科医師の診療を受</u>
<u>けた日</u>のことです。

障害認定日

<u>初診日から起算して**1年6ヵ月**を経過した日</u>、またはそれまでに**治った日**
があればその日のことをいいます。治った日には、症状が固定し、治療の効
果が期待できない状態となった日も含まれます。

保険料納付要件

(1) 原　　則

初診日の前日において、<u>初診日の属する月の前々月までの国民年金の被保</u>
<u>険者期間</u>のうち、保険料納付済期間と保険料免除期間を合わせた期間が**3分**
の2以上であることが必要です。つまり、3分の1を超える保険料未納期間
があると保険料納付要件を満たさなくなります。

(2) 特　例

　初診日が令和 8 年 4 月 1 日前の場合は、<u>初診日の前日において初診日の属する月の前々月</u>までの**直近 1 年間**に保険料未納期間がなければ、保険料納付要件を満たしたものとされます。ただし、この特例が適用されるのは、**初診日に65歳未満**である場合に限られます。

事後重症

　障害認定日に障害等級 1 、 2 級に該当しなかった者が、その後<u>65歳に達する日の**前日**</u>までに症状が悪化して障害等級 1 、 2 級に該当するようになった場合には、その期間内に<u>請求することによって</u>障害基礎年金が支給されます。この場合の障害基礎年金は、請求をした日の属する月の翌月分から支給されます。

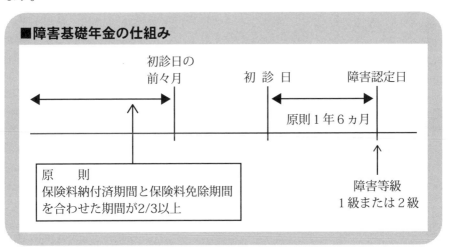

■障害基礎年金の仕組み

初診日の前々月　　　初　診　日　　　障害認定日

原則 1 年 6 ヵ月

原　則
保険料納付済期間と保険料免除期間を合わせた期間が2/3以上

障害等級
1 級または 2 級

[障害給付]

障害基礎年金の金額

重 要 度 [★★★]
進度チェック ☑ ☑ ☑

出題【24年3月・問41】
　　　【23年10月・問41】

20歳前の傷病による障害基礎年金

　20歳前に初診日がある場合について、「障害認定日が20歳前のときには**20歳になったとき**」、また、「障害認定日が20歳以後のときには障害認定日」に障害等級1、2級に該当していれば、障害基礎年金が支給されます。

　ただし、初診日に被保険者ではないため、<u>保険料納付要件は問われません。</u>

　また、受給権者本人の前年所得が扶養親族等の人数に応じて一定額を超える場合には、その年の**10月から翌年の9月**まで、年金額の半額または全額が支給停止されます。なお、一般の障害基礎年金に所得による支給停止はありません。

障害基礎年金の金額

(1)　障害基礎年金の金額

障害等級によって、以下のとおりの金額になります。

<u>障害等級2級の障害基礎年金は、**老齢基礎年金の満額**と同額で、1級はその1.25倍の額となり、保険料納付済期間等にかかわらず定額になります。</u>

■障害基礎年金の金額（令和6年度）（基本額）

等　　級	年　金　額
1級	1,020,000円 （2級の1.25倍）
2級	816,000円

(2)　子の加算額

受給権者によって生計を維持されている**18歳到達年度末までの子**、または20歳未満で障害等級1、2級の障害の状態にある子がいるときは、以下の額

が加算されます。

また、障害基礎年金を受ける権利が発生した後に子が出生したときは、<u>出生した日の属する月の翌月</u>から加算されます。

なお、子の加算は障害基礎年金が、配偶者の加算については障害厚生年金が行います。

■障害基礎年金の子の加算額（令和6年度）

子	加 算 額
1人目・2人目	1人につき**234,800円**
3人目以降	1人につき78,300円

年金額の改定請求

受給権者の障害の程度が変わった場合には、**厚生労働大臣**に対して年金額の**改定請求**を行うことができます。

これは、受給権を取得した日または厚生労働大臣が障害の程度を診査した日から起算して<u>**1年**を経過した日</u>後でなければできません。しかし、障害の状態が重くなったことが明らかな場合は、1年を経過する前でも請求することができます。

金額の改定は、<u>請求のあった月の**翌月分**</u>から行われます。

■障害基礎年金の金額まとめ（令和6年度）

1級の障害基礎年金の年金額　1,020,000円（816,000円 × 1.25）

2級の障害基礎年金の年金額　　816,000円

子が1人	障害基礎年金の年金額 ＋ 234,800円
子が2人	障害基礎年金の年金額 ＋ 234,800円×2人
子が3人	障害基礎年金の年金額 ＋ 234,800円×2人 ＋ 78,300円

[障害給付]

障害厚生年金

重要度　　　[★★★]
進度チェック　☑ ☑ ☑

出題【24年 3 月・問19】
【23年10月・問19】

障害厚生年金の支給要件

以下のいずれにも該当する者に障害厚生年金は支給されます。

①**初診日**に厚生年金保険の被保険者であること

②障害認定日に障害等級 1 級、 2 級または **3 級**の障害の状態にあること

③保険料納付要件を満たしていること（障害基礎年金と同じ）

初診日に厚生年金保険の被保険者であれば、初診日の後に退職等をし、障害認定日において国民年金の第 1 号被保険者であっても、障害厚生年金は支給されます。

また、障害等級 1 、 2 級に該当する場合は、原則として同じ等級の**障害基礎年金も併せて支給**されます。

障害厚生年金の金額

障害等級によって、以下のとおりの金額になります。

■障害厚生年金額（令和 6 年度）

等　　　級	年　金　額
1 級	報酬比例部分の年金額×1.25倍＋**配偶者加給年金額**
2 級	報酬比例部分の年金額＋**配偶者加給年金額**
3 級	報酬比例部分の年金額（最低保障612,000円）

【注 意 点】

①**20歳未満**の厚生年金保険の被保険者期間も年金額に反映されます

②障害認定日の属する月までの厚生年金保険の被保険者期間が年金額に算入され、その後の被保険者期間は算入されません

③被保険者期間が300月に満たない場合は**300月**として計算します

④生年月日による乗率の違いはなく一律です

⑤厚生年金保険の被保険者となっても障害厚生年金は支給停止されず、<u>給与の額等によって減額されることもありません</u>

⑥同一の障害により労働者災害補償保険法（労災保険法）による障害補償年金を受けることができる場合であっても、<u>障害厚生年金は全額が支給され</u>、**労災保険法の障害補償年金において減額調整**が行われます

配偶者加給年金額

<u>障害等級1、2級に該当する者</u>に支給される障害厚生年金には、受給権者によって生計を維持されている**65歳未満**の配偶者があれば、加給年金額が加算されます。

障害厚生年金の受給権が発生した後に配偶者を有することになった場合でも、新たに加給年金額が加算されます。

なお、老齢厚生年金の加給年金額とは異なり、<u>特別加算額の加算はない</u>ため、金額は234,800円（令和6年度）となります。

障害手当金

障害等級3級までには該当しない一定の障害状態にあり、初診日から5年以内に治った場合には、一時金である**障害手当金**が支給されます。

■障害年金のまとめ

	障害基礎年金	障害厚生年金
障害等級1級	障害基礎年金（1.25倍） ＋子の加算	障害厚生年金（1.25倍） ＋配偶者加給年金額
障害等級2級	障害基礎年金 ＋子の加算	障害厚生年金 ＋配偶者加給年金額
障害等級3級	なし	障害厚生年金

42 障害給付の年金額の計算

障害年金の金額の計算

(1) 設　例

　I夫さん（昭和52年4月5日生まれ）は令和5年6月5日に事故に遭い病院に搬送され、現在も治療中です。

　万一、障害が残り障害に関する年金が支給される場合、原則の障害認定日はいつになるでしょうか。

　また、障害等級1級と認定された場合、受給できる障害基礎年金および障害厚生年金の計算式はどうなるでしょうか（令和6年度価格）。

　I夫さんの年金加入歴は以下のとおりです。

・平成9年4月～平成12年3月：国民年金（保険料未納）
・平成12年4月～令和5年12月：厚生年金保険
・令和6年1月～現在　　　　 ：国民年金（保険料未納）

　なお、I夫さんの令和6年度（本来水準）の平均標準報酬月額は300,000円、平均標準報酬額は400,000円とし、家族は妻（昭和54年10月15日生まれ、専業主婦）と子の加算対象となる子が3人います。

(2) 解　答

■障害認定日

> 令和6年12月5日

・初診日（令和5年6月5日）から起算して**1年6ヵ月**を経過した日またはそれまでに**治った日があればその日**

■障害基礎年金の計算式

> 816,000円×1.25（＝1,020,000円）＋234,800円×2人＋78,300円

- 障害等級1級の障害基礎年金の金額は障害等級2級の障害基礎年金の金額816,000円の**1.25倍**です
- 子の加算額については1.25倍されません
- 加算の対象となる子は、<u>受給権者によって生計を維持されている18歳到達年度末までの子または20歳未満で障害等級1、2級の障害の状態にある子</u>となります
- 現在の保険料が未納であっても、「初診日の前日において、初診日の属する月の前々月までの被保険者期間のうち、<u>保険料納付済期間と保険料免除期間を合わせた期間が**3分の2以上**</u>」という<u>保険料納付要件は満たしている</u>ことになります

■**障害厚生年金の計算式**

> （300,000円×7.125/1000×36ヵ月＋400,000円×5.481/1000×
> 249ヵ月）×300ヵ月/285ヵ月×1.25＋234,800円

- 障害認定日においては厚生年金保険の被保険者ではありませんが、<u>初診日に被保険者</u>であったため、障害厚生年金が支給されます
- 被保険者期間の月数は<u>障害認定日の属する月まで</u>で計算します
- 厚生年金保険の被保険者期間が285ヵ月で**300月**に満たないため、<u>300月として計算</u>します
- 障害厚生年金（**障害等級1、2級**）には、受給権者によって生計を維持されている<u>65歳未満の配偶者</u>があれば、加給年金額が加算されます
- 老齢厚生年金とは異なり配偶者の<u>特別加算額の加算はないため</u>、加給年金額は234,800円になります

[遺族給付]

43

遺族基礎年金

重要度　　　[★★★]
進度チェック　☑☑☑

出題【24年3月・問20】
　　　【23年10月・問20】

遺族基礎年金の支給要件

　遺族基礎年金は、以下のいずれかに該当する者が死亡した場合に、その死亡した者によって生計を維持されていた「子のある配偶者」または「子」に支給されます。

　①国民年金の**被保険者**※

　②国民年金の被保険者であった60歳以上65歳未満の者で、日本国内に住所を有する者

　③受給資格期間が原則25年以上ある老齢基礎年金の**受給権者**

　④受給資格期間が原則25年以上ある者

　なお、①②に該当する場合は保険料納付要件が問われますが、③④に該当する場合は問われません。

　※　50歳未満の国民年金保険料の納付猶予制度等の適用を受けている者も国民年金の被保険者なので、納付猶予制度等の適用を受けているときに死亡した場合も遺族基礎年金は支給される。

保険料納付要件

⑴　原　　則

　死亡日の**前日**において、死亡日の属する月の前々月までの国民年金の被保険者期間のうち、<u>保険料納付済期間と保険料免除期間を合わせた期間が**3分の2以上**</u>であることが必要です。

　つまり、3分の1を超える保険料未納期間があると、保険料納付要件を満たさなくなります。

⑵　特　　例

　死亡日が令和8年4月1日前の場合は、死亡日の前日において死亡日の属する月の前々月までの<u>**直近1年間**</u>に保険料未納期間がなければ、保険料納付

要件を満たしたものとされます。

　ただし、この特例が適用されるのは、**死亡日に65歳未満**である場合に限られます。

遺族の範囲

　遺族基礎年金を受けられる遺族は、<u>亡くなった者によって生計を維持されていた「子のある配偶者」または「子」</u>となっています。つまり、「子のない配偶者」には支給されません。

　なお、<u>配偶者については、年齢要件がありません</u>。

(1)　生計維持とは

　死亡当時、死亡した者と生計を同じくし、**年収850万円以上**の収入を将来にわたって得られないと認められる状態を指します。

(2)　子とは

　<u>**18歳到達年度末**までの子または20歳未満の障害等級1、2級の障害の状態にある子</u>で、現に婚姻をしていないことが要件です。

　子が18歳到達年度末に達した後に、障害等級1、2級の障害の状態となった場合は、20歳未満であっても遺族基礎年金は支給されません。一方で、18歳到達年度末に達する前に障害等級1、2級の障害の状態となった場合は、20歳まで支給されます。

　なお、生計維持関係にあった配偶者の連れ子は、法律上の子に該当しないため、遺族基礎年金の受給権者にはなりません（養子の場合は除く）。

　また、被保険者等の死亡当時に**胎児**であった子が生まれた場合は、**生まれたとき**から遺族基礎年金の受給権者となり、**出生した日の属する月の翌月分**から遺族基礎年金が支給されます。

遺族基礎年金の金額

重要度　　[★★★]
進度チェック ☑ ☑ ☑

出題【24年3月・問43】
　　　【23年10月・問43】

遺族基礎年金の金額

　遺族基礎年金の金額は、遺族の数によって決定され、<u>保険料納付済期間等にかかわらず定額</u>となります。

(1)　子のある配偶者に支給される額

基本年金額（**816,000円**（令和6年度））に、子の加算額を加算した額です。

■遺族基礎年金の子の加算額（令和6年度）

子	加 算 額
1人目・2人目	1人につき**234,800円**
3人目以降	1人につき78,300円

　配偶者と子が受給権を有するときは**配偶者に優先して支給**され、その間、子に対する遺族基礎年金は支給停止されます。つまり、<u>子の分も含めて全額が配偶者へ支給される</u>ということです。

■子のある配偶者に支給される遺族基礎年金額（令和6年度）

子 の 数	年 金 額
子が1人の配偶者	816,000円 ＋ 234,800円
子が2人の配偶者	816,000円 ＋ 234,800円× 2人
子が3人の配偶者	816,000円 ＋ 234,800円× 2人 ＋ 78,300円

(2)　子に支給される額

　<u>受給権者が子のみの場合には、子1人のときは基本年金額（816,000円）</u>となり、子が2人以上のときは子の加算額が加算されます。

　なお、子1人あたりの年金額は、遺族基礎年金の総額を受給権者である子

の数で割った額となります。

■子のみの場合の遺族基礎年金額（令和6年度）

子 の 数	年 金 額
子が1人	816,000円
子が2人	816,000円 ＋ 234,800円
子が3人	816,000円 ＋ 234,800円 ＋ 78,300円

失　　権

以下のいずれかに該当すると、遺族基礎年金の受給権は消滅します。

(1)　配偶者と子に共通の失権事由

①死亡したとき

②婚姻したとき

③直系血族または直系姻族以外の者の養子となったとき

(2)　配偶者のみの失権事由

①**すべての子**が18歳到達年度の末日が終了したとき（障害等級1、2級に該当する障害の状態にあるときを除く）

②20歳未満で障害等級1、2級の障害の状態にあるすべての子について、その事情がなくなったとき、あるいは20歳に達したとき（18歳到達年度の末日までの間にあるときを除く）

(3)　子のみの失権事由

①離縁により死亡した者の子でなくなったとき

②**18歳到達年度の末日**が終了したとき（障害等級1、2級に該当する障害の状態にあるときを除く）

③20歳未満で障害等級1、2級の障害の状態に該当する子についてはその事情がなくなったとき、あるいは20歳に達したとき（18歳到達年度の末日までの間にあるときを除く）

遺族厚生年金

重要度　　　[★★★]
進度チェック ☑ ☑ ☑

出題【24年3月・問21】
　　【23年10月・問21】

遺族厚生年金

遺族厚生年金は、以下のいずれかに該当する者の遺族に支給されます。

①厚生年金保険の被保険者が死亡したとき

②厚生年金保険の**被保険者期間中に初診日**がある傷病により、<u>初診日から5年以内</u>※に死亡したとき

※ <u>退職日から5年以内ではない。</u>

③障害厚生年金1級または2級の受給権者が死亡したとき

④受給資格期間が原則25年以上ある老齢厚生年金の受給権者が死亡したとき

⑤受給資格期間が原則25年以上あり、厚生年金保険の被保険者期間を有する者が死亡したとき

なお、①または②に該当する場合は遺族基礎年金と同じ保険料納付要件を満たす必要があります。

また、①〜③に該当する場合は**短期要件**、④または⑤に該当する場合は**長期要件**といい、どちらに該当するかにより年金額の計算方法が異なります。

遺族の範囲

遺族厚生年金を受けることができる遺族は、亡くなった者の**配偶者、子、父母、孫、祖父母**で、死亡当時、亡くなった者によって生計を維持されていた者です。

妻以外の者には年齢要件がありますが、妻には年齢要件がありません。

ただし、<u>遺族厚生年金の受給権を取得した当時「**30歳未満**」でかつ「**子のいない**」妻</u>については、受給権を取得した日から**5年**を経過した日、または、妻が30歳に達する前に同じ支給事由による遺族基礎年金の受給権が消滅した

ときは、その遺族基礎年金の受給権が消滅した日から5年を経過した日に失
権します。

■遺族厚生年金を受けることができる遺族

夫、父母、祖父母	**55歳以上**であること（60歳までは支給停止※）
子、孫	18歳到達年度末までにある、または20歳未満で障害等級1、2級の障害の状態にあり、かつ現に婚姻をしていないこと

※　夫が遺族基礎年金の受給権を有する場合は、60歳までの支給停止は行われない。

遺族の順位

遺族の順位は、

①配偶者、子

②父母

③孫

④祖父母

となっています。**配偶者と子は同順位**ですが、その中でも「配偶者」に優先
して支給されます。

被保険者死亡当時、胎児であった子が生まれた場合は、その子は**生まれた
ときから**遺族厚生年金の受給権者となります。

46

遺族厚生年金の金額

重要度　　　[★★★]

進度チェック ☑ ☑ ☑

遺族厚生年金の金額

遺族厚生年金の基本となる年金額は、死亡した者の被保険者期間を基礎として計算された老齢厚生年金の**報酬比例部分**の**4分の3**に相当する額となります。

ただし、短期要件と長期要件では計算方法が異なります（以下、計算式中の平均標準報酬月額・平均標準報酬額は、令和6年度再評価率による）。

(1) 短期要件

$$\{①+②\} \times 3/4$$

①平均標準報酬月額× 乗　率 × 平成15年3月以前の被保険者期間の月数
　　　　　　　　　　(7.125/1000)

②平均標準報酬額× 乗　率 × 平成15年4月以後の被保険者期間の月数
　　　　　　　　　　(5.481/1000)

生年月日による**乗率の読替えは行われません**。また、被保険者期間が300月に満たない場合は、**300月**として計算されます。

（①+②）×3/4×300月/（実際の被保険者期間の月数）

(2) 長期要件

$$\{①+②\} \times 3/4$$

①平均標準報酬月額×乗率×平成15年3月以前の被保険者期間の月数
②平均標準報酬額×乗率×平成15年4月以後の被保険者期間の月数

死亡した者の生年月日による乗率の読替えを行います（次頁表参照）。また、被保険者期間の300月のみなしはなく、**実際の被保険者期間**で計算されます。

■短期要件

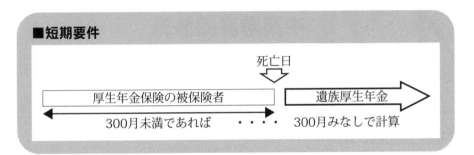

■長期要件

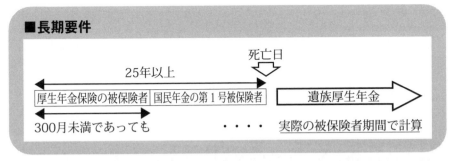

■乗率表（新乗率）

生年月日	報酬比例部分の乗率（1000分の）	
	平成15年3月以前	平成15年4月以後
大正15.4.2～昭和 2.4.1	9.500	7.308
中　略		
昭和16.4.2～昭和17.4.1	7.657	5.890
昭和17.4.2～昭和18.4.1	7.543	5.802
昭和18.4.2～昭和19.4.1	7.439	5.722
昭和19.4.2～昭和20.4.1	7.334	5.642
昭和20.4.2～昭和21.4.1	7.230	5.562
昭和21.4.2以後	7.125	5.481

中高齢寡婦加算

重要度　　　[★★★]
進度チェック　☑ ☑ ☑

出題【24年3月・問22】
　　【23年10月・問22】

中高齢寡婦加算の支給要件

　遺族厚生年金には、一定の要件を満たした妻に対して、**中高齢寡婦加算**が加算されます。

　なお、妻が<u>厚生年金保険の被保険者であっても</u>、ほかの要件を満たしていれば、中高齢寡婦加算は支給されます。

支給要件

　中高齢寡婦加算は、死亡した者の妻が、遺族厚生年金の受給権を取得した当時に以下のいずれかの要件に該当した場合に、その妻が40歳から65歳になるまでの間について行われます。

①夫の死亡当時、40歳以上65歳未満であること

②40歳に達した当時、夫の死亡当時から引き続き生計を同じくする子（18歳年度末または20歳未満で障害等級1級もしくは2級の障害の状態にある子であって、かつ現に婚姻をしていない子）があったこと

　夫の死亡当時に40歳未満である子のない妻については、上記要件を満たすことはできませんので、中高齢寡婦加算は加算されません。

　なお、<u>長期要件による遺族厚生年金については、死亡した夫の厚生年金保険の被保険者期間が20年以上</u>である場合に限り、中高齢寡婦加算が加算されます。<u>短期要件による遺族厚生年金の場合は被保険者期間を問われません。</u>

　妻に遺族基礎年金が支給される場合には、中高齢寡婦加算は支給停止となります。

金　額

　中高齢寡婦加算の金額は、**612,000円**（令和6年度）です。これは<u>遺族基礎年金の基本額（816,000円）の4分の3</u>に相当する額です。

中高齢寡婦加算のまとめ

⑴　夫の死亡時に子のないケース

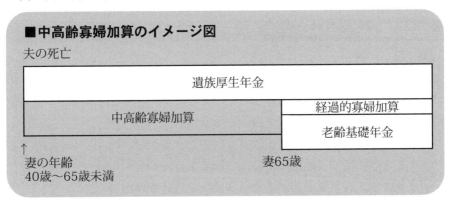

⑵　夫の死亡時に子のあるケース

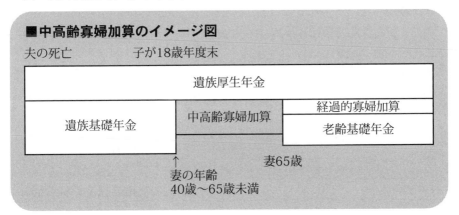

[遺族給付]

遺族給付の年金額の計算

重要度　　　[★★★]
進度チェック ☑☑☑

出題【24年3月・問43・44】
　　　【23年10月・問43・44】

遺族年金

(1) 設　例

　現在、病気療養中のJ夫さん（昭和51年7月5日生まれ）が、令和6年10月に亡くなった場合、生計維持されていた妻に支給される遺族基礎年金の金額はいくらになるでしょうか（令和6年度価格）。

　また、遺族厚生年金の計算式はどうなるでしょうか。

　J夫さんの年金加入歴は以下のとおりです。

・平成8年7月～平成10年3月：国民年金（21ヵ月）
・平成10年4月～平成28年3月：厚生年金保険（216ヵ月）
・平成28年4月～令和6年9月：国民年金（102ヵ月）

　なお、J夫さんの令和6年度（本来水準）の平均標準報酬月額は300,000円、平均標準報酬額は400,000円とします。

　家族は、専業主婦の妻（昭和53年8月25日生まれ、平成15年10月結婚）、長男（平成19年5月生まれ）、長女（平成22年7月生まれ）の2人（いずれも障害の状態ではない）です。

生年月日	総報酬制の実施前		総報酬制の実施後	
	旧 乗 率	新 乗 率	旧 乗 率	新 乗 率
昭和21.4.2～	7.50/1000	7.125/1000	5.769/1000	5.481/1000

(2) 解　答

■遺族基礎年金の金額

> 816,000円＋234,800円＋234,800円＝1,285,600円

・遺族基礎年金を受けられる遺族は、亡くなった者によって生計を維持されていた「**子のある配偶者**」または「**子**」です

100

- 遺族基礎年金は保険料納付済期間の月数に関係なく定額であり、子の加算額は子の人数で決まります
- 長男が18歳の年度末に達すると、年金額は816,000円＋234,800円で1,050,800円になります
- 長女が18歳の年度末に達すると遺族基礎年金は失権します
- 遺族基礎年金は、子の分も含めて全額が妻に支給されます
- 寡婦年金は国民年金の第1号被保険者としての加入期間が10年以上あり、他の要件も満たしていますので支給されます（106頁『**51 寡婦年金**』参照）。ただし、遺族厚生年金を選択した場合、寡婦年金は支給停止となります
- 遺族基礎年金を受けられる遺族がいるため、死亡一時金は支給されません（108頁『**52 死亡一時金**』参照）

■**遺族厚生年金の計算式**

$$(300,000円 \times 7.125/1000 \times 60 \text{カ月} + 400,000円 \times 5.481/1000 \times 156 \text{カ月}) \times 3/4$$

- 平均標準報酬（月）額は本来水準のため、新乗率を使用します
- 死亡日の直近5年間は、国民年金の第1号被保険者期間であり、厚生年金保険の被保険者期間ではないため、短期要件には該当しません
- 死亡時には厚生年金保険の被保険者ではありませんが、「受給資格期間が原則25年以上あり、厚生年金保険の被保険者期間を有する者の死亡」（＝長期要件）に該当するため、遺族厚生年金が支給されます
- 老齢厚生年金と同様に、平成15年3月以前と平成15年4月以後に分けて計算します
- 長期要件のため、遺族厚生年金の額を計算する際の被保険者期間の月数には、**300月**のみなしはなく、実期間での計算となります
- **長期要件に該当する場合**で、厚生年金保険の被保険者期間が**20年**に満たないため、遺族基礎年金の失権後に中高齢寡婦加算は支給されません

[年金の共通事項]

49

併給調整(1)

重要度　　　[★★★]
進度チェック ☑ ☑ ☑

出題【23年 3 月・問23】
　　【21年 3 月・問23】

併給調整

公的年金は、「**1 人 1 年金**」を原則としています。

○○基礎年金と○○厚生年金の併給の場合「老齢基礎年金と老齢厚生年金」「障害基礎年金と障害厚生年金」など、**支給事由が同一**であれば両者は併給されますが、「老齢基礎年金と障害厚生年金」「遺族基礎年金と老齢厚生年金」など、支給事由が異なる年金は、**本人の選択**により 1 つの年金が支給され、他方は支給停止となります。ただし、異なる支給事由であっても受給権者が65歳以上の場合は併給が可能となる例外もあります。

なお、年金の選択替えは、将来に向かって**いつでも**行うことが可能となっています。

障害基礎年金の併給調整

65歳以後の障害基礎年金の受給権者は、老齢厚生年金または遺族厚生年金との併給が可能です。

つまり、65歳以後は、「障害基礎年金と障害厚生年金」の他に、「障害基礎年金と**老齢厚生年金**」または「障害基礎年金と**遺族厚生年金**」という組合せでの併給が可能となっています。

ただし、「障害基礎年金と老齢厚生年金」を選択した場合で、障害基礎年金に子の加算が行われるときは、老齢厚生年金の子の加給年金額が支給停止となります。

■併給調整のまとめ

	老齢 基礎年金	障害 基礎年金	遺族 基礎年金	老齢 厚生年金
老齢厚生年金	○	△	×	－
障害厚生年金	×	○	×	×
遺族厚生年金	△	△	○	△

○・・・支給事由が同一
△・・・65歳以後であれば併給可能
×・・・併給されない

年金の併給調整

【併給される組合せ】

〈同一の支給事由の場合〉

・老齢基礎年金と老齢厚生年金
・障害基礎年金と障害厚生年金
・遺族基礎年金と遺族厚生年金

〈異なる支給事由で、受給権者が65歳以上の場合〉

・老齢基礎年金と遺族厚生年金
・障害基礎年金と老齢厚生年金
・障害基礎年金と遺族厚生年金
・老齢厚生年金と遺族厚生年金

【併給されない組合せ】

・老齢基礎年金と障害厚生年金
・遺族基礎年金と老齢厚生年金
・遺族基礎年金と障害厚生年金
・老齢厚生年金と障害厚生年金
　　　　　　　　　　　　　　　　　など

50

併給調整(2)

重要度　　［★★☆］
進度チェック　☑ ☑ ☑

遺族厚生年金の併給調整

　65歳以後の遺族厚生年金の受給権者は、老齢基礎年金との併給が可能となっています。

　なお、65歳以後の遺族厚生年金の受給権者が配偶者で、老齢厚生年金の受給権も有する場合、以下の式で算出した金額のいずれか多い金額が、遺族厚生年金の金額となります。

> B：遺族厚生年金
> C：（自身の老齢厚生年金A×**1/2**）＋（遺族厚生年金B×**2/3**）
> 　　　　　　　　　　　　　　　　　　　　　　いずれか多い金額

　また、この場合の併給調整は、自身の老齢厚生年金が優先して支給され、上記の計算式で算出した遺族厚生年金の額が自身の老齢厚生年金の額より多いときには、その差額を遺族厚生年金として支給されることにより行われます。

■老齢厚生年金と遺族厚生年金の併給（配偶者が受給権者の場合）

A （自身の） 老齢厚生年金	B 遺族厚生年金	C A×1/2 ｜ B×2/3
老齢基礎年金	老齢基礎年金	老齢基礎年金

BとCのうち高い金額が支給されます。Bの部分につき、まずAの自身の老齢厚生年金が全部支給され、差額分が遺族厚生年金として支給されます。Cの部分も同様です。

> 【例】
>
> （自身の）老齢厚生年金：50万円…A
>
> 遺族厚生年金：90万円…B
>
> 　受給権者が65歳以後の場合における遺族厚生年金の額は…
>
> B：90万円
>
> C：50万円×1/2＋90万円×2/3＝85万円
>
> 　⇒CよりBの方が多いため、遺族厚生年金はBの90万円となります。
>
> 　ただし、この場合、自身の老齢厚生年金の50万円を優先して受け取り、差額の40万円が遺族厚生年金として併給されます。

遺族厚生年金には、以下の注意点があります。

①60歳台の前半に遺族厚生年金と老齢厚生年金の2つの受給権があるときは、**いずれか1つを選択**することになります

②遺族厚生年金の受給権者が、老齢基礎年金を繰上げ受給した場合、65歳まではいずれか1つを選択しなければなりませんが、65歳以後は併給されます

他の制度との併給調整

公的年金制度と他の制度との併給調整においては、次のようにおおむね他の制度のほうが調整されます。

・遺族厚生年金と**遺族（補償）年金（労災保険）**　→　労災保険が調整

・障害基礎年金の子の加算額と**児童扶養手当**　　→　児童扶養手当が調整

・障害厚生年金と**傷病手当金**　　　　　　　　　→　傷病手当金が調整

・老齢基礎年金と**生活保護費（生活保護法）**　　→　生活保護費が調整

ただし、第三者の加害行為によって損害賠償を受けたときは事故等の日の翌月から起算して**最長36ヵ月**の範囲内で障害基礎年金等が支給停止されます。すでに年金給付が支払われた場合は、その支払われた年金給付の額を限度として、国が損害賠償請求権を代位取得します。

51

寡婦年金

重要度　　　[★★★]
進度チェック ☑ ☑ ☑

出題【24年3月・問24・43】
【23年10月・問24・43】

寡婦年金

　寡婦年金は、一定の要件を満たした場合に、夫が納付した国民年金の**第1号被保険者**としての保険料納付済期間と保険料免除期間をもとにして、その遺族である**妻**に年金という形で還元しようというものです。

夫の要件

　寡婦年金は、以下のすべての要件を満たした場合に、死亡した夫の妻に支給されます。

①死亡日の前日において、死亡日の属する月の前月までの国民年金の第1号被保険者としての**保険料納付済期間**と**保険料免除期間**を合算した期間が10年以上※ある夫が死亡したこと

※　「任意加入被保険者の期間（65歳以後の特例任意加入被保険者の期間を除く）」「昭和61年4月1日前の国民年金の被保険者期間」も含まれる。

②死亡した夫が**老齢基礎年金または障害基礎年金の支給を受けていなかったこと**※

※　夫の死亡日が令和3年3月31日以前の場合は、「老齢基礎年金の支給を受けていなかったこと、または障害基礎年金の受給権者であったことがないこと」が要件となる。

妻の要件

①夫の死亡当時、夫によって生計維持されていたこと

②夫の死亡当時**65歳未満**の妻であって、夫との婚姻関係が**10年以上継続し**ていたこと

　妻が、夫の死亡により寡婦年金と遺族基礎年金の受給権を取得した場合、遺族基礎年金を受給後に寡婦年金を受給することは可能です。

支給期間

　寡婦年金は、妻が60歳に達した月の翌月から**65歳に達した月**まで、最長5年間支給されます。また、夫の死亡時に60歳以上であった妻には、夫が死亡した月の翌月から65歳に達する月まで支給されます。

失　権

　妻が以下のいずれかに該当すると、寡婦年金の受給権は消滅します。

①**65歳**に達したとき

②死亡したとき

③婚姻したとき

④直系血族または直系姻族以外の者の養子となったとき

⑤繰上げ受給の老齢基礎年金の受給権を取得したとき

年 金 額

　寡婦年金の額は、夫が受給するはずであった国民年金の第１号被保険者期間に基づく**老齢基礎年金の金額**の**4分の3**です。

■**寡婦年金の年金額**（令和６年度、昭和31年４月２日以後生まれの夫）

$$816{,}000\text{円} \times \frac{\text{保険料納付済期間＋保険料免除期間×一定率}}{480\text{月}} \times \textbf{3/4}^{※}$$

※　保険料納付済期間、保険料免除期間は国民年金の第１号被保険者期間のみに基づく期間。

■一定率（480月以下の場合）

	平成21年３月以前	平成21年４月以後
保険料1/4免除期間	５／６	７／８
保険料半額免除期間	２／３	３／４
保険料3/4免除期間	１／２	５／８
保険料全額免除期間	１／３	１／２

[国民年金の独自給付]

死亡一時金

重要度　　　[★★★]

進度チェック ☑ ☑ ☑

出題【24年3月・問24・43】
　　【23年10月・問24・43】

死亡一時金

　死亡一時金は、**国民年金の第1号被保険者**として一定の期間、保険料を納付した者が死亡した場合に、その遺族が遺族基礎年金を受給できないとき、保険料の掛け捨てを防止するために支給されるものです。

死亡した者の要件

　死亡一時金は、以下のすべての要件を満たした場合に、死亡した者の遺族に対して支給されます。

①死亡日の前日において、死亡日の属する月の前月までの<u>国民年金の第1号被保険者としての**保険料納付済期間**と**保険料免除期間**について一定の計算をした期間</u>※を合算した月数が**36月以上**である者が死亡したこと

　…国民年金の第2号および第3号被保険者であった期間は含まれません

※「保険料3/4免除期間の月数の1/4に相当する月数」＋「保険料半額免除期間の月数の1/2に相当する月数」＋「保険料1/4免除期間の月数の3/4に相当する月数」

②死亡した者が老齢基礎年金または障害基礎年金を受けたことがないこと

　なお、<u>遺族基礎年金を受けることができる者があるときは、原則として死亡一時金は支給されません</u>。

遺族の範囲

　死亡一時金を受けることができる遺族は、その者が死亡した当時、死亡した者と<u>生計を同じく</u>していた**配偶者、子、父母、孫、祖父母、兄弟姉妹**です。生計を維持されている必要はありません（収入要件は不要。91頁参照）。

遺族の順位

死亡一時金を受けるべき者の順位は、

①配偶者

②子

③父母

④孫

⑤祖父母

⑥兄弟姉妹

となっており、この中で最先順位者へ支給されます。

死亡一時金の金額

国民年金の死亡一時金の金額は、以下のとおりです。

■死亡一時金の金額

国民年金の第1号被保険者としての保険料 納付済期間と一定の計算をした保険料免除期間の月数	金　　額
36月以上 ～ 180月未満	120,000円
180月以上 ～ 240月未満	145,000円
240月以上 ～ 300月未満	170,000円
300月以上 ～ 360月未満	220,000円
360月以上 ～ 420月未満	270,000円
420月以上	320,000円

なお、付加保険料を3年以上納付していた場合には、**8,500円**が加算されます。

寡婦年金との調整

死亡一時金と寡婦年金の両方の支給要件を満たしている場合は、その者の選択により、**どちらか一方**が支給され、他方は支給されません。

なお、死亡一時金は遺族厚生年金を受給できる場合でも支給されます。

その他制度

銀行業務検定試験

年金アドバイザー**3**級
直前整理**70**

ねんきん定期便

重要度　　　[★★★]
進度チェック ☑ ☑ ☑

出題【24年3月・問25】
　　【23年10月・問25】

ねんきん定期便

　平成21年度より、公的年金の**加入期間**や**年金額**を確認してもらうことを目的として、毎年「**ねんきん定期便**」が送付されています。

　平成23年2月からは自分の記録をインターネットで確認できる「**ねんきんネット**」が始まり、平成24年度からは**電子版「ねんきん定期便」**が開始されています。

送付対象者と時期

　国民年金、厚生年金保険の被保険者に対して、**毎年1回、誕生月**に送付されます。なお**1日生まれの人**には、**誕生日の前月**に送付されます。

　60歳以後の年金受給者であっても、被保険者であれば送付されます。

記載事項

　節目の年齢である**35歳、45歳、59歳**と節目の年齢以外の者に送付される「ねんきん定期便」では、記載内容が異なります。

(1)　節目の年齢（35歳、45歳、59歳）

封書で送付され、以下の事項が記載されています。

①これまでの年金加入期間

②**老齢年金の年金見込額**

　　50歳未満…これまでの**加入実績**のみを基に計算した年金額

　　50歳以上60歳未満…「ねんきん定期便」作成時の公的年金制度に60歳まで引き続き加入したと仮定して試算した**年金見込額**

③これまでの保険料納付額の累計額

④これまでの年金加入履歴

⑤これまでの厚生年金保険における月ごとの標準報酬月額・標準賞与額、保険料納付額

⑥これまでの国民年金における月ごとの保険料納付状況

なお、厚生年金保険の保険料納付額は被保険者負担分のみが記載されており、事業主負担分は含まれていません。

(2) 節目の年齢以外

ハガキで送付され、上記「(1)節目の年齢の①～③」および「⑤～⑥について直近13ヵ月分のもの」が記載されています。

※ 「ねんきん定期便」にはアクセスキーが記載されている。アクセスキーは「ねんきんネット」を利用するためのユーザーIDを取得するときに使用する。

年金見込額

50歳以上60歳未満の者に送付される「ねんきん定期便」には、作成時の公的年金制度に引き続き60歳まで加入したものとして、将来の見込み年金額が記載されていますが、以下の点には注意が必要です。

①加給年金額、振替加算は含まれていません

②厚生年金基金から支給される代行部分の年金は含まれています（令和3年度から。50歳未満の者に送付されるものには以前から含まれている）

また、「老齢年金の種類と見込額」欄は、厚生年金保険を一般厚生年金期間、公務員厚生年金期間、私学共済厚生年金期間の3つに区分して記載しています。

電子版「ねんきん定期便」

電子版「ねんきん定期便」は、日本年金機構のホームページの「ねんきんネット」から確認することができます。郵送版と同様の内容ですが、郵送版より1ヵ月程度早く確認できます。

「ねんきんネット」は、政府が運営するオンラインサービスである「マイナポータル」と連携することによって、ユーザーIDがなくても利用することが可能です。

[年金実務]

主要年金法の改正事項

重要度　　　[★★★]
進度チェック ☑ ☑ ☑

出題【22年3月・問29】
　　【21年10月・問29】

令和2年6月5日に公布された改正法

　令和2年6月5日に「年金制度の機能強化のための国民年金法等の一部を改正する法律」が公布されました。主な改正事項は以下のとおりです。

国民年金および厚生年金保険に関する主な改正事項

⑴ **国民年金手帳の廃止（令和4年4月から）**
・新たに被保険者となった者に対する国民年金手帳を廃止し、基礎年金番号通知書へ切り替える

⑵ **2ヵ月を超えて雇用が見込まれる者の早期加入（令和4年10月から）**
・従前は、「2ヵ月以内の期間を定めて使用される者」は厚生年金保険の適用除外となっていたが、これを「2ヵ月以内の期間を定めて使用される者であって、当該定めた期間を超えて使用されることが見込まれないもの」とする

⑶ **短時間労働者に対する厚生年金保険の適用範囲の拡大**
・企業規模の要件を500人超から段階的に引き下げる
　　企業規模を100人超に拡大（令和4年10月から）
　　企業規模を50人超に拡大（令和6年10月から）
・雇用期間要件を撤廃（現行は1年以上）（令和4年10月から）

⑷ **在職中の年金受給の在り方の見直し（令和4年4月から）**
・60歳台前半の在職老齢年金制度の支給停止とならない範囲の拡大
（従前の28万円を47万円（令和4年度額）に引き上げる）
・在職定時改定の導入
（65歳以上で在職中の老齢厚生年金受給者の年金額を、毎年1回、10月分から改定する）

⑸ **受給開始時期の選択肢の拡大等（令和4年4月から）**
- 令和4年4月1日以後に70歳に達する人は、繰下げ受給の上限年齢を、従前の原則70歳から原則75歳に引き上げる
- 令和4年4月1日以後に60歳に達する人は、繰上げ減額率が1ヵ月あたり0.5％から0.4％となる

⑹ **繰下げ受給の柔軟化（令和5年4月から）**
- 70歳以後に年金の請求を行う場合の5年前時点での繰下げ制度の創設（70歳以後、その時点における繰下げ受給を本人が選択せず、受給権発生時（原則65歳）に遡って年金を請求する場合、5年前に繰下げの申出があったものとして年金を支給する（5年以上前の分が時効により消滅してしまう不利益を減少させる制度））

⑺ **脱退一時金制度の見直し（令和3年4月から）**
- 国民年金および厚生年金保険の脱退一時金に関する支給上限年数を、3年から5年に引き上げる

確定拠出年金（ＤＣ）に関する主な改正事項

⑴ **確定拠出年金の加入可能要件の見直し（令和4年5月から）**
- 確定拠出年金の加入可能年齢の引上げ
  企業型：従前65歳未満→70歳未満
  個人型：従前60歳未満→国民年金の被保険者（最大65歳未満）

⑵ **受給開始時期の選択肢の拡大（令和4年4月から）**
- 確定拠出年金（企業型・個人型）の受給開始時期を、60歳〜75歳の間で選択できるように上限年齢を引き上げる

⑶ **簡易型ＤＣやiDeCo＋の対象範囲の拡大（令和2年10月から）**
- 制度を実施可能な従業員規模を現行の100人以下から300人以下に拡大

⑷ **個人型ＤＣ（iDeCo）加入の要件の緩和（令和4年10月から）**
- 企業型ＤＣ加入者が、事業主掛金の上限の引き下げ等の規約の定めがなくても、全体の拠出限度額から事業主掛金を控除後の範囲内でiDeCoに加入できる（加入者掛金の上限は月額2万円。確定給付型にも加入している場合の上限は1.2万円）

マクロ経済スライド

重要度　　　[★★★]
進度チェック ☑ ☑ ☑

マクロ経済スライド

　年金額は、**物価**（物価変動率）や**賃金**（名目手取り賃金変動率）を基準とした「改定率」を用いて、毎年度改定されます。

　しかし、平成16年の改正でマクロ経済スライドが導入されたことにより、年金財政を悪化させる要因となる**現役世代の人数の減少**や**平均余命の延び**を年金額に反映させることになりました。

　具体的には、賃金や物価による年金額の伸びから、「スライド調整率」を差し引くことによって、年金額を改定します。「スライド調整率」は、現役世代が減少していくことと平均余命が伸びていくことを考えて、「公的年金全体の被保険者の減少率の実績」と「平均余命の伸びを勘案した一定率」で計算されます。

　また、年金額を改定する際、物価（賃金）の上昇率がスライド調整率より小さい場合は、前年度の年金額を下回ることがないよう、年金額は据え置かれます。一方、物価（賃金）自体がマイナスになった場合は、スライド調整率は適用されず、物価（賃金）が**下落した分だけ**年金額が減額されます。

■マクロ経済スライド適用前と適用後（スライド調整率を▲0.3％とした場合）

		適　用　前	適　用　後
①	物価等が1％上昇した場合の翌年の年金額	1％増	0.7％増
②	物価等が0.2％上昇した場合の翌年の年金額	0.2％増	0％（据え置き）
③	物価等が1％下落した場合の翌年の年金額	1％減	1％減

※　マクロ経済スライド適用後の②の未調整分は▲0.1％、③の未調整分は▲0.3％。

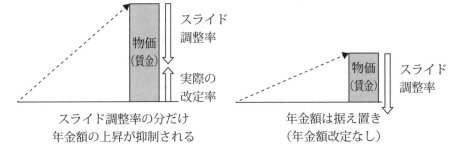

①物価（賃金）が大幅に上昇した場合　②物価（賃金）の上昇が小さい場合

スライド調整率の分だけ
年金額の上昇が抑制される

年金額は据え置き
（年金額改定なし）

③物価（賃金）が下落した場合

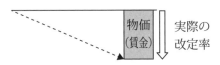

物価（賃金）の下落率の分だけ減額
（スライド調整率は適用されない）

> ※　平成30年４月より、マクロ経済スライドによる調整ルールの見直しのため、未調整分はキャリーオーバーされ、翌年度以降に繰り越される

令和6年度の年金額

　物価変動率が**名目手取り賃金変動率**を上回る場合、新規裁定者（その年度において67歳以下の者）も既裁定者（その年度において68歳以上の者）も名目手取り賃金変動率を用いて年金額を改定することになっています。令和6年度の年金額の改定に用いる名目手取り賃金変動率は3.1％です。また、令和6年度のマクロ経済スライドによる調整が▲0.4％のため、令和6年度の年金額は**2.7％増額**となります（生年月日によって年金額は異なる）。

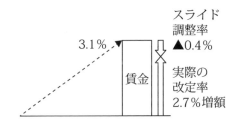

56

年金生活者支援給付金

重要度　　　［★★★］
進度チェック　☑☑☑

出題【24年3月・問29】
【23年10月・問29】

年金生活者支援給付金

　令和元年（平成31年）10月から「年金生活者支援給付金」が始まりました。元々は平成27年10月から始まるはずの制度でしたが、財源を確保しなければ給付できないため、消費税10%の延期によりこの制度も延期されていました。

　年金生活者支援給付金には次の4種類の給付金があります。

①老齢年金生活者支援給付金

②補足的老齢年金生活者支援給付金

③障害年金生活者支援給付金

④遺族年金生活者支援給付金

老齢年金生活者支援給付金

(1) 支給要件

- ・65歳以上の老齢基礎年金の受給者であること
- ・前年または前々年の公的年金等の収入金額とその他の所得との合計額が、所得基準額※以下であること
- ・同一世帯の全員が市町村民税非課税であること

　※　老齢基礎年金の額を勘案して改定。令和5年10月現在は778,900円。

(2) 給付額は下記【A＋B】

$$A \quad 給付額（月額）＝5,310円^{※1} \times \frac{保険料納付済月数}{480月^{※3}}$$

　※1　令和6年度の額。

$$B \quad 給付額（月額）＝約11,333円^{※2} \times \frac{保険料免除月数}{480月^{※3}}$$

※2　老齢基礎年金満額の月額の1/6（保険料全額免除、3/4免除、半額免除期間の場合）。ただし、**保険料1/4免除期間の場合は、老齢基礎年金満額の月額の1/12（約5,666円）**。保険料免除月数には、学生納付特例の期間および50歳未満の保険料納付猶予の期間は含まない。昭和31年4月1日以前生まれの場合、老齢基礎年金満額の月額の1/6は11,301円、1/12は5,650円。

※3　加入可能年数に応じて異なる。

補足的老齢年金生活者支援給付金

　老齢年金生活者支援給付金の所得要件を満たさない者であっても、前年の公的年金等の収入金額とその他の所得との合計額が878,900円（令和5年10月現在）までの者に対しては、老齢年金生活者支援給付金を受給する者と所得総額が逆転しないよう、補足的な給付を支給します。補足的な給付の額は、所得の増加に応じて逓減します。

障害年金生活者支援給付金・遺族年金生活者支援給付金

(1)　支給要件

・障害基礎年金または遺族基礎年金の受給者であること

・前年の所得が472万1,000円※以下であること

※　扶養親族等の数に応じて増額する。

(2)　給付額

障害等級2級の者および遺族である者　　5,310円※（月額）

障害等級1級の者　　　　　　　　　　　6,638円※（月額）

※　令和6年度の額。

　子が受給する遺族年金生活者支援給付金は、子が複数いる場合、給付額を子の人数で除した額をそれぞれの子が受給します。

課税関係

年金生活者支援給付金として支給された給付金は**非課税**となります。

57 社会保障協定と脱退一時金

重要度　　　[★★☆]

進度チェック ☑ ☑ ☑

出題【24年3月・問30】
　　【23年10月・問30】

社会保障協定

　日本人が海外で就労等する場合は、原則として、日本と相手国の年金制度に二重加入することになります。また、年金の受給資格を得るために、一定期間の年金制度への加入が必要となる場合がありますが、この負担した保険料が掛け捨てになることもあります。これらを解消するために、2024年（令和6年）4月現在、23ヵ国との間で社会保障協定が締結（発効）されています。

二重加入の解消

　社会保障協定が締結された場合には、原則として、協定相手国の年金制度のみに加入することになります。ただし、協定相手国での就労等の期間が5年を超えない場合には、引き続き日本の年金制度のみに加入し、協定相手国の年金制度への加入が免除されます。

　なお、自営業者等が、協定相手国の年金制度に加入した場合であっても、日本国籍を有する20歳以上65歳未満の者は、日本の国民年金に任意加入することができます。

加入期間の通算

　海外で年金制度に加入した場合、その期間が短いと、その国の年金の受給資格を満たせない場合があります。その間に納付した保険料が掛け捨てにならないよう、社会保障協定を締結した場合には、協定相手国の年金加入期間と日本の年金加入期間を通算することができます。これにより、受給資格を満たせば、協定相手国の年金を受給することが可能となります。

　なお、**イギリス**、**韓国**、**中国**および**イタリア**との間では、年金の加入期間を通算することはできません。

社会保障協定発効済の国（2024年4月現在）

■社会保障協定発効済の国（2024年4月現在）

相 手 国	発効年月	相 手 国	発効年月
ドイツ	2000年（平成12年）2月	ブラジル	2012年（平成24年）3月
イギリス	2001年（平成13年）2月	スイス	2012年（平成24年）3月
韓国	2005年（平成17年）4月	ハンガリー	2014年（平成26年）1月
アメリカ	2005年（平成17年）10月	インド	2016年（平成28年）10月
ベルギー	2007年（平成19年）1月	ルクセンブルク	2017年（平成29年）8月
フランス	2007年（平成19年）6月	フィリピン	2018年（平成30年）8月
カナダ	2008年（平成20年）3月	スロバキア	2019年（令和元年）7月
オーストラリア	2009年（平成21年）1月	中国	2019年（令和元年）9月
オランダ	2009年（平成21年）3月	フィンランド	2022年（令和4年）2月
チェコ	2009年（平成21年）6月	スウェーデン	2022年（令和4年）6月
スペイン	2010年（平成22年）12月	イタリア	2024年（令和6年）4月
アイルランド	2010年（平成22年）12月		

■社会保障協定署名済の国

相 手 国	署名年月
オーストリア	2024年（令和6年）1月

脱退一時金

　短期滞在の外国人で、老齢年金を受給できるほどの受給資格期間がない等の条件を満たした場合は、日本国内に住所を有しなくなった日から起算して2年以内に請求することで、脱退一時金を受給することができます。

■国民年金の脱退一時金の計算式

最後に保険料を納付した月が属する年度の保険料額 ×1/2×支給額計算に用いる数

■厚生年金保険の脱退一時金の計算式

被保険者であった期間の平均標準報酬額×支給率[※]

※（保険料率×1/2×支給率計算に用いる数）小数点以下1位未満四捨五入

　最後に保険料を納付した月が令和3年4月以後の場合、支給額（率）計算に用いる数の**支給上限月数は60月**となっています（従前は36月）。

確定給付企業年金

重要度　　　［★★★］

進度チェック ☑ ☑ ☑

出題【24年3月・問28】

【23年10月・問28】

概　要

　　確定給付企業年金は、従業員が受け取る給付額または給付額の計算方法をあらかじめ約束し、それに見合う掛金を拠出する企業年金制度です。<u>年金資産が一定の額に満たない場合には、**事業主**は不足分を穴埋めしなければなりません。</u>

　　<u>掛金は、原則として**事業主が負担**しますが、規約で定めた場合には加入者が拠出することも可能です。ただし、加入者の同意が必要となります。</u>

　　なお、企業型確定拠出年金を導入している企業でも、確定給付企業年金を導入することは可能です。

　　確定給付企業年金には、「**基金型企業年金**」と「**規約型企業年金**」2つのタイプがあります。

基金型企業年金

　　<u>企業とは別法人である**企業年金基金**</u>を設立し、年金資産の管理・運用・年金給付を行います。なお、基金の設立にあたっては、厚生労働大臣の認可を受けなければなりません。

規約型企業年金

　　労使が合意した規約に基づき、企業と**資産管理運用機関**（信託会社・生命保険会社等）が契約を結び、企業の外部で年金資産の管理・運用を行います。

加入対象者

　　確定給付企業年金制度を実施する企業における厚生年金保険の被保険者は、**役員も含め全員**が加入対象となります。ただし、規約で定めることにより、

一定の加入者資格を定めることもできます。

給　付

　老齢給付金と脱退一時金の給付は必須となっており、障害給付や遺族給付は任意で行うことが可能です。

　規約において老齢給付金の支給開始年齢を**60歳以上70歳未満**の範囲内で定めることができ、また、退職していることを条件に、**50歳以上60歳未満の間**で定めることもできます。

　老齢給付金の支給要件を規約に定める場合、**20年**を超える加入者期間を支給要件として定めることはできません。

　支給の方法は、年金が原則となっており、**毎年1回以上**定期的に支給されますが、加入者の選択で一時金として受け取ることもできます。

　なお、脱退一時金は、加入期間が原則として**3年以上**で、年金給付が受け取れない中途脱退時等に支給されます。

税　金

確定給付企業年金に関する税制上の措置は、以下のとおりです。

■掛　金

事業主拠出	**全額損金**
加入者拠出	**生命保険料控除**

■給　付

老齢給付金（年金）	所得税（雑所得(公的年金等控除の対象)）
老齢給付金（一時金）	所得税（退職所得）
脱退一時金	所得税（退職所得）
障害給付金	非　課　税
遺族給付金	相　続　税

厚生年金基金

重要度　　　[★★★]
進度チェック ☑ ☑ ☑

概　　要

　厚生年金基金制度は、老齢厚生年金の一部を国に代わって支給する（代行部分）とともに、基金独自の上乗せ給付を行う企業年金制度です。

　厚生年金基金の加入員に支給される老齢年金は、以下のようになっています。

①「老齢基礎年金」と「老齢厚生年金の一部」…国より給付

②「老齢厚生年金の一部（**代行部分**）」と「基金独自の上乗せ分」…基金より給付

年金給付

　老齢年金給付のほかに、中途退職等で脱退した者には、一時金の支給が行われます。また、障害給付や遺族給付を行うことも可能です。

年金請求先

　退職等で基金を中途脱退した場合で、加入期間が**10年未満**（原則）の者の年金資産は**企業年金連合会**に移換されました。そのため、**代行部分も含め、年金請求は、企業年金連合会に行います**。基金が解散して資産が連合会に移換されている場合も同様です。

■年金請求先（平成26年3月までの中途脱退者など）

	請求先
基金加入期間が10年※以上	加入基金
基金加入期間が10年※未満(中途脱退)	**企業年金連合会**
加入基金が解散した場合	

※　基金により異なる場合もある。

厚生年金基金の仕組み

厚生年金基金の仕組みを図で表すと、以下のとおりになります。

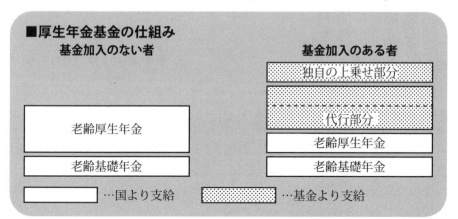

■厚生年金基金の仕組み

厚生年金基金の解散

　基金の財政悪化により、**平成26年4月以後**は新たな厚生年金基金の設立は認められず、解散や他制度への移行等が進められ、令和6年3月1日において現存している厚生年金基金は5基金となっています（全国信用金庫厚生年金基金、国会議員秘書厚生年金基金、全国信用保証協会厚生年金基金、道路施設協会厚生年金基金、三井不動産リアルティ厚生年金基金）。

　平成26年3月までは加入期間が原則10年未満の中途脱退者や解散した基金の代行部分等は企業年金連合会に移換され、代行部分の年金の請求先も企業年金連合会でしたが、平成26年4月以後、代行部分を企業年金連合会に移換することができなくなりました。ただし、<u>すでに企業年金連合会に移換されている場合は、平成26年4月以後においても年金の請求先は企業年金連合会</u><u>となります</u>。

確定拠出年金(1)

重要度 [★★★]

進度チェック ☑ ☑ ☑

出題【24年3月・問27】
【23年10月・問27】

概　要

　確定拠出年金は、**加入者自身**が、拠出された掛金の運用方法を決定し、その運用結果により受け取る年金額が決定される**自己責任型**の**年金制度**です。

　年金資産は個人ごとに管理され年1回以上通知されるので、加入者は自らの**現時点での年金資産残高**が確認できます。

「企業型年金」と「個人型年金」

　確定拠出年金には、企業が労使合意のうえで実施する**企業型確定拠出年金**と、個人が任意で加入する**個人型確定拠出年金**（iDeCo）があります。

　企業型年金は、厚生年金保険の**適用事業所の事業主**が実施します。加入対象者となるのは、70歳未満の第1号・第4号厚生年金被保険者です。

　個人型年金は、国民年金基金連合会が実施し、加入対象となるのは、国民年金の第1号被保険者、65歳未満の国民年金の第2号被保険者、国民年金の第3号被保険者と65歳未満の任意加入被保険者です。

企業型年金の掛金

　企業型年金では、原則として、掛金は**企業**が拠出します。

■拠出限度額（令和4年10月〜）

①確定給付企業年金など他の企業年金に加入していない場合	月額**55,000円**
②確定給付企業年金など他の企業年金に加入している場合	月額**27,500円**

　なお、規約で定めることにより、<u>加入者も拠出（**マッチング拠出金**）する</u><u>ことができます。</u>加入者が拠出できる金額は、**拠出限度額の範囲内**で、かつ<u>企業が拠出する額を超えない額まで</u>となっています。

　令和6年12月からは、法改正により表中②の「月額27,500円」は「月額55,000円－他の企業年金等の掛金」となります。

個人型年金の掛金

　掛金は、月額5,000円から拠出限度額までの間で、1,000円単位で設定でき、**加入者**が拠出します。

■拠出限度額（令和4年10月～令和6年11月）

①国民年金の第1号被保険者	月額**68,000円**
②企業型確定拠出年金や確定給付型の企業年金がない 　国民年金の第2号被保険者	月額**23,000円**
③企業型確定拠出年金のみに加入している国民年金の 　第2号被保険者※	月額**20,000円**
④企業型確定拠出年金と確定給付型の企業年金に加入 　している国民年金の第2号被保険者※	月額**12,000円**
⑤確定給付型の企業年金のみに加入している国民年金 　の第2号被保険者	月額**12,000円**
⑥公　務　員	月額**12,000円**
⑦国民年金の第3号被保険者	月額**23,000円**

※　③、④は、個人型年金の掛金と企業型年金の掛金との合計が企業型年金の拠出限度額を超えない範囲で拠出が可能（規約の定めは不要）。

　令和6年12月からは、法改正により表中④、⑤、⑥の「月額12,000円」は「月額20,000円」となります。ただし、他の企業年金等（企業型確定拠出年金を含む）の掛金との合計が55,000円を超えない額までという制限があります。

確定拠出年金(2)

重要度　　　[★★★]
進度チェック ☑ ☑ ☑

出題【24年3月・問27】
　　　【23年10月・問27】

ポータビリティ

　加入者が転職等した場合、確定拠出年金で運用した資産は、他の企業年金制度等へ持ち運ぶこと（ポータビリティ）ができます。

　たとえば、企業型確定拠出年金を実施している他の企業へ転職した場合、年金資産を移換して運用を続けることができます。また、企業型確定拠出年金を実施していない企業へ転職した場合や自営業者となった場合等は、年金資産を**国民年金基金連合会**に移換して、個人型年金の加入者になることもできます。

給　付

　確定拠出年金の給付には、**老齢給付金**、**障害給付金**、**死亡一時金**があります。

　老齢給付金は、有期年金または終身年金として受給しますが、規約で定めることにより、全部または一部を一時金として受給することもできます。受給権は、「**死亡したとき**」「**障害給付の受給権者となったとき**」「**個人別管理資産がなくなったとき**」に失権します。

　障害給付金は、加入者または加入者であった者が、障害認定日から**75歳**に達する日の前日までの間において、一定の障害の状態になったときに支給されます。

　なお、確定拠出年金の年金資産は、60歳に達するまで**引き出せません**が、加入者でなくなった後、個人別管理資産が**きわめて少額**等の一定の要件に該当する場合には、脱退一時金を請求できます。

老齢給付金の受取年齢

老齢給付金は**60歳**から支給されますが、<u>60歳時点での加入期間が10年未満</u><u>の場合</u>は、支給開始年齢が以下のとおりとなります。

■加入期間が10年未満の場合

60歳時点での 加入期間	8年以上 10年未満	6年以上 8年未満	4年以上 6年未満	2年以上 4年未満	1月以上 2年未満
支給開始年齢	61歳	62歳	63歳	64歳	65歳

税　金

■掛金（企業型）

事業主拠出	**全額損金**
加入者拠出	**小規模企業共済等掛金控除**※**（全額所得控除）**

■掛金（個人型）

個人拠出	**小規模企業共済等掛金控除**※**（全額所得控除）**

※　社会保険料控除ではない。

■給　付

老齢給付金（年金受給）	所得税（雑所得（公的年金等控除の対象））
老齢給付金（一時金受給）	所得税（退職所得）
脱退一時金	所得税（一時所得）
障害給付金	非課税
死亡一時金	相続税

※　令和2年6月5日に公布された確定拠出年金の主な改正は、114頁「54　主要年金法の改正事項」を参照。

国民年金基金

重要度　　[★★★]
進度チェック ☑ ☑ ☑

概　要

　国民年金基金は、国民年金の**第1号被保険者**等を対象に、老齢基礎年金の上乗せ給付を行う制度です。

　国民年金基金には、都道府県ごとに設立される「**地域型基金**」と、業種ごとに設立される「**職能型基金**」があり、加入を希望する場合には、**どちらか一方**に加入することができます。

　平成31年4月1日に全国47都道府県の地域型基金と、22の職能型基金が合併し**「全国国民年金基金」**となりました（一部職能型基金は合併に参加していない）。

加入対象者

　加入できるのは、国民年金の第1号被保険者、日本国内に住所を有する60歳以上65歳未満で国民年金に任意加入している者および海外居住者であって国民年金に任意加入している者です。

　国民年金保険料の免除を受けている者、および学生等の納付特例・保険料納付猶予制度の適用を受けている者は加入できず、国民年金保険料が未納の場合も加入することはできません（ただし、産前産後期間の免除を受けている者や国民年金保険料の納付の申出をした法定免除者は加入することができます）。また、第2号・第3号被保険者も加入できません。

掛　金

　掛金は、加入時の年齢や性別、加入口数により異なり、月額**68,000円**が上限です。また、国民年金基金に加入しているときは、付加保険料を納めることはできません。

　加入は**口数制**となっており、年金額や給付のタイプは加入者が選択することができ、選択の方法は以下のようになっています。

① 1口目…A型またはB型から選択

② 2口目以降…A、B型またはⅠ～Ⅴ型から選択

■加入タイプ

給付の型	支給開始年齢	支給期間
A型	65歳	終身年金（15年保証）
B型	65歳	終身年金（保証期間なし）
Ⅰ型	65歳	15年確定年金
Ⅱ型	65歳	10年確定年金
Ⅲ型	60歳	15年確定年金
Ⅳ型	60歳	10年確定年金
Ⅴ型	60歳	5年確定年金

給　付

　国民年金基金の給付には、老齢年金と遺族一時金の2つがあります。なお、障害に関する給付は行いません。

税　金

■掛　金

加入者拠出	**社会保険料控除**

■給　付

老齢年金	所得税（雑所得（公的年金等控除の対象））
遺族一時金	非　課　税

年金の請求(1)

重要度　　　［★★★］
進度チェック ☑ ☑ ☑

出題【24年3月・問47】
　　　【23年10月・問47】

年金の請求

　公的年金の支給を受けるためには、年金事務所等へ**年金請求書**を提出し、**実施機関**に対して年金給付の受給権が存在するかどうか**の確認**を受けなくてはなりません。請求をしない限り年金は支給されず、支払期月（2月、4月、6月、8月、10月、12月）の翌月の初日から**5年**を過ぎた分については、時効により受け取ることができなくなります。

　老齢年金の請求は、65歳前の特別支給の老齢厚生年金を受給できる者については、「特別支給の老齢厚生年金の支給開始年齢に達した際」と「**65歳に達した際**」の2回行う必要があります。

特別支給の老齢厚生年金の請求手続き

　特別支給の老齢厚生年金の支給開始年齢に達する**3ヵ月前**に名前や生年月日等が印字された年金請求書が、**実施機関**より送付されてきます。これに必要な書類を添付して提出します。

　印字された請求書を紛失した場合、**再発行されません**ので、年金事務所等にある記入式の年金請求書を使用します。ねんきんネットを利用して作成することもできます。

　年金請求書の提出は、支給開始年齢に達したとき（**誕生日の前日**）から行うことができますので、**在職中であっても**行うことが可能です。

　障害厚生年金や遺族厚生年金の受給者は、特別支給の老齢厚生年金との併給はできませんので、「**年金受給選択申出書**」を提出して、いずれか一方の年金を選択します。

提 出 先

以下のとおり、加入していた年金制度によって請求書の提出先は異なります。

■年金請求書の提出先（目安）

加入していた年金制度		提 出 先
厚生年金保険のみ		年金事務所または共済組合
国民年金にも厚生年金保険にも加入		
国民年金のみ	第3号被保険者期間がある	年金事務所
	第1号被保険者期間のみ	市区町村役場

最寄りの**「街角の年金相談センター・オフィス」**でも受け付けてもらえます。また、郵送でも可能です。

配偶者等、本人以外の者が代理で手続きをすることも可能ですが、その場合は、**委任状**が必要となります。

なお、厚生年金基金の加入期間があれば、以下のとおり、基金にも手続きが必要です。

■厚生年金基金の請求先

厚生年金基金の加入期間	提 出 先
（原則）10年以上	加入していた厚生年金基金
（原則）10年未満（中途脱退）	企業年金連合会

厚生年金基金が解散し、企業年金連合会へ移換されている場合は、企業年金連合会へ請求します。

年金の請求(2)

重要度　　　[★★★]
進度チェック ☑ ☑ ☑

出題【24年3月・問46・47】
【23年10月・問46・47】

実施機関が厚生労働大臣（日本年金機構）の場合

年金請求書の作成の際の注意点

年金請求書の作成の際の注意点は、以下のとおりです。

①「加給年金額の対象者がいるとき」「本人が**振替加算の対象者**であるとき」は、**生計維持欄**への記入が必要となります

②**個人番号（マイナンバー）**が登録済もしくは記入をすると、**住民票、所得証明書等の添付が不要**となる場合があります。

　ただし、個人番号（マイナンバー）が登録済または記入されていても、加給年金額等の対象者がいる場合は、**戸籍謄本（戸籍全部事項証明書）等**の添付は必要です（今後、添付が不要となる可能性があるので日本年金機構の情報に注意）。

必要な書類（加給年金額の対象者がいる場合）

必要な書類（加給年金額の対象者がいる場合）は、以下のとおりです。

①年金請求書

②受取先金融機関の通帳等（本人名義）

③戸籍謄本（原則として受給権発生日以後に発行されたもの）

④世帯全員の住民票※（原則として受給権発生日以後に発行されたもので世帯主・続柄の記載があるもの）

⑤加給年金額の対象者の「課税（非課税）証明書※」や「源泉徴収票※」（対象者の収入が確認できる書類）、「在学証明書（高校生の場合）」

　※　個人番号（マイナンバー）が登録済もしくは記入をした場合、その個人番号（マイナンバー）に関する人のものは不要。また、個人番号（マイナンバー）を記入した場合は、番号確認の書類（通知カード等）が必要となる。ただし、配偶者や子、扶養親族等の番号確認の書類は不要。

65歳時の手続き

日本年金機構から特別支給の老齢厚生年金を受けている者が65歳に達した
ときは、**65歳到達月の初め頃**に**ハガキ形式**の年金請求書が送付されてきます。
　これを提出することで、65歳からの老齢基礎年金と老齢厚生年金を受給す
ることができます。

書類の作成の際の注意点

　65歳時に提出する書類の作成の際の注意点は、以下のとおりです。
①提出期限は**65歳の誕生月（1日生まれの者は前月）の末日**までで、提出
　先は**日本年金機構**です
　…ハガキに記載されている宛先は年金事務所ではありません
②提出が遅れると、年金の支払いが一時差し止められます
③加給年金額の対象者がいるときは、加給年金額対象者欄に氏名を記入し
　ます
④宛名面には住所・氏名を記入して、**切手を貼付**して提出します
⑤請求書を紛失した場合は、年金事務所や日本年金機構Webサイトにある
　所定の用紙において手続きします。ねんきんネットを利用して作成する
　こともできます

繰下げの手続き

　老齢基礎年金、老齢厚生年金は、いずれか一方、または両方を繰り下げて
受給することが可能です。繰り下げる場合は、65歳時に送付されるハガキ形
式の年金請求書にて以下の手続きが必要です。

■繰下げ支給の選択

・老齢基礎年金 ・老齢厚生年金 　いずれかを繰り下げる場合	受取方法欄の希望する年金の受取り方法の**いずれかをチェックして**提出する
両方を繰り下げる場合	請求書自体を**提出せず**、支給繰下げの申出をする際に繰下げ請求書を提出する

受給後の届出

重要度 [★★★]
進度チェック ☑ ☑ ☑

出題【24年3月・問45】
【23年10月・問45】

実施機関が厚生労働大臣（日本年金機構）の場合

現況届

　公的年金を受給している者には、**年1回**、健在であることを確認する**現況確認**が行われます。これは、日本年金機構から送付される「年金受給権者現況届」に本人が所定事項を記載して、誕生月末日までに提出することによって行われます。

　ただし、個人番号（マイナンバー）登録後は、現況届の**提出は不要**です。

　なお、加給年金額等の対象者がいる場合は、「**生計維持確認届**」の提出が、障害年金の受給者で障害の程度の確認が必要な者は「障害状態確認届」の提出が必要となります。

支給停止の申出

　年金給付の受給権者は、**本人の申出**により年金を受け取らない選択ができます。希望する場合は、「老齢・障害・遺族給付支給停止申出書」を年金事務所へ提出します。

　また、この申出による支給停止は、**いつでも**撤回することができますが、支給停止の申出をしたときにさかのぼって取り消すことはできず、繰下げとは異なり、年金額が増額されることはありません。

変更届

　年金受給者が住所を変更する場合は「年金受給権者住所変更届」を、年金の振込口座を変更する場合には「**年金受給権者受取機関変更届**」を、住所地を管轄する年金事務所へ提出します。「住所変更届」は、転居後の住所地を

管轄する年金事務所へ提出します。

　住所変更については、住所を変更してから10日以内（国民年金は14日以内）に届出が必要ですが、年金請求書に個人番号（マイナンバー）を記載していた（日本年金機構に個人番号（マイナンバー）が登録されている）場合には、原則として届出が不要です。

　受取機関の変更（受取口座の変更）の場合は、個人番号（マイナンバー）登録の有無に関係なく届出が必要です。

　年金受給権者受取機関変更届の作成の際の注意点は、以下のとおりです。

①年金証書に記載されている基礎年金番号または個人番号（マイナンバー）を必ず記入します（個人番号（マイナンバー）により届出する場合、番号が確認できる書類および身元（実存）が確認できる書類が必要）

②受給しているすべての年金を変更する場合は、該当欄にチェックマークを付け、口座変更を希望する年金を指定する場合は、年金コードを記入します

③押印は不要です

④変更届の口座名義はカタカナで記入します

⑤郵送で提出することも可能です

⑥預貯金通帳の写し（金融機関名、支店名、口座番号、口座名義人のフリガナが確認できる部分）を添付する場合、または公金受取口座を指定する場合は、金融機関の証明が省略できます

⑦変更前の預貯金口座は、変更後の口座への入金が確認できるまで解約しないことが必要です

⑧変更届の用紙は、日本年金機構Webサイトからダウンロードすることもできます

　また、ねんきんネットを利用して、受取口座の変更手続はできません。

　年金受取口座に公金受取口座を指定すると、金融機関の証明が省略できるだけであり口座が連携されるわけではないので、公金受取口座の登録口座を変更しても年金受取口座は変更されません。

66 年金にかかる税金

重要度　　　[★★★]

進度チェック ☑ ☑ ☑

出題【24年3月・問50】
　　 【23年10月・問49】

年金にかかる税金

公的年金等の老齢給付は、**雑所得**として所得税、住民税の課税対象となります。

なお、国民年金法および厚生年金保険法に基づく障害給付や遺族給付は、非課税です。

(1) 雑所得の計算式

その年に受け取った年金の合計額（**公的年金等の収入金額**）から、定められた**公的年金等控除**を差し引いて計算します。

> 公的年金等の収入金額－公的年金等控除額 ※

※ 雑所得を算出する際には、基礎控除や配偶者控除は差し引かない。

(2) 公的年金等の収入金額

公的年金等の収入金額には、国民年金、厚生年金保険、共済年金から支給される老齢年金のほか、**企業年金基金**や**確定拠出年金**、**国民年金基金**から支給される年金も含まれます。

一方で、民間商品である個人年金保険等は含まれません。

(3) 公的年金等控除額

その年の12月31日現在の年齢に応じて、以下のとおり計算されます。

■公的年金等控除額※（抜粋）

収入金額（A）	公的年金等控除額	
130万円未満	60万円	65歳以上は最低110万円
130万円以上 ～ 410万円未満	（A）×25％＋27.5万円	
410万円以上 ～ 770万円未満	（A）×15％＋68.5万円	

※公的年金等に係る雑所得以外の所得に係る合計所得金額が1,000万円以下の場合の表

源泉徴収

老齢給付に対する所得税・復興特別所得税は、**源泉徴収**されます。

毎年9月～11月頃、実施機関等から「扶養親族等申告書」(以下「申告書」という)が送付されますので、これを提出すると**基礎的控除**(公的年金等控除および基礎控除相当)、**人的控除**(配偶者控除、扶養控除、障害、寡婦、ひとり親)の各種控除を受けることができます。なお、申告書を提出した場合でも、**医療費控除・生命保険料控除等**を受けることはできません。

申告書の**提出をした場合**の源泉徴収の額は、以下のとおりです。

> (年金額-社会保険料額-各種控除合計額)×**5.105%**[※]

> ※ 所得税額の2.1%である復興特別所得税が含まれている(以下同じ)。

一方、申告書を**提出しない場合**は、基礎的控除(公的年金等控除および基礎控除相当)のみ控除されます。人的控除は控除されません。人的控除が不要の場合(配偶者や扶養親族がおらず本人が障害者や寡婦またはひとり親ではない場合)は、申告書を提出する必要はありません。

申告書の**提出をしない場合**の源泉徴収の額は、以下のとおりです。

> (年金額-社会保険料額-基礎的控除)×**5.105%**[※]

また、そもそも申告書を提出できない場合(確定給付企業年金法に基づく年金等)の源泉徴収の額は、以下のとおりです。

> (年金額-年金額×25%)×**10.21%**[※]

年金の保険料に関する税金

国民年金や厚生年金保険(被保険者負担分)の保険料は、全額**社会保険料控除**の対象となります。生計を一にする子の保険料を親が支払った場合は、支払った者の社会保険料控除の対象となります。

個人型確定拠出年金の掛金は、たとえば妻が支払うべき掛金を夫が支払っても、夫の小規模企業共済等掛金控除の対象とはなりません。

なお、生命保険契約にもとづく個人年金保険の保険料は、一定の要件を満たせば**個人年金保険料控除**の対象となります。

退職金にかかる税金

重要度　　[★★★]

進度チェック ☑ ☑ ☑

出題【24年3月・問49】
　　　【23年10月・問50】

退職金にかかる税金

退職金は、**退職所得**として所得税・住民税の課税対象となります。確定給付企業年金や確定拠出年金などの企業年金等からの給付については、老齢や退職を事由とする一時金であれば、名称にかかわらず退職所得となります。

退職所得には、以下のような優遇措置があります。

①他の所得と総合課税されず**分離課税**

②勤続年数による**退職所得控除**がある

③退職金から退職所得控除額を差し引いた額の**2分の1**[※]に課税される

※　「2分の1」は勤続年数が5年以下の法人役員等については適用されない。

退職所得の計算式

受け取った退職金や企業年金の一時金から、**勤続年数に応じた**退職所得控除額を差し引いた金額の**2分の1**が退職所得となります。

退職所得控除額を差し引いた額がゼロまたはマイナスになる場合は、非課税となります。

退職所得＝（退職金－退職所得控除額）×1/2 [※]

※　令和4年からは従業員の退職金において勤続5年以下の場合、退職所得控除額を控除後の金額のうち300万円を超える部分について、2分の1を乗ずることができない。

退職所得控除額

退職所得控除額は勤続年数により決まり、勤続期間が長いほど大きくなります。

計算式は次のとおりです。

■退職所得控除額の計算

勤続年数	退職所得控除額
20年以下	40万円×勤続年数※ （80万円に満たない場合は80万円）
20年超	800万円＋70万円×（勤続年数※−20年）

※　1年未満の端数がある場合は1年に切り上げられる。

確定申告

　退職金を受け取る際に「**退職所得の受給に関する申告書**」を提出している場合は、退職金を受給する際に源泉徴収が行われるため、確定申告は不要です。

　退職所得の受給に関する申告書を提出していない場合は、**退職金額の20.42％**が源泉徴収されます。そのため、確定申告により精算します。

退職所得の計算例

退職所得の計算例は、以下のとおりです。

■退職所得の計算例

	退職金	勤続年数	退職所得控除額	退職所得
A	800万円	15年3ヵ月	640万円 （40万円×16年）	80万円
B	1,500万円	31年10ヵ月	1,640万円 （800万円＋70万円×12年）	非課税
C	2,500万円	38年1ヵ月	2,130万円 （800万円＋70万円×19年）	185万円

医療保険(1)

重要度　　　[★★★]

進度チェック ☑ ☑ ☑

出題【24年3月・問3】
【23年10月・問3】

公的医療保険

疾病、負傷、死亡、出産の際に必要な給付を行う社会保険制度です。

公的医療保険は、会社員とその家族を対象とする「**健康保険**」、公務員等とその家族を対象とする「**共済組合**」、自営業者世帯などを対象とする「**国民健康保険**」、**75歳以上**を対象とする「**後期高齢者医療制度**」に大別されます。

■公的医療保険の種類（下記市町村には特別区を含む）

種　類		保　険　料
健康保険	組合管掌健康保険 （主に大企業）	保険料率は組合によって異なる
	全国健康保険協会管掌健康保険（協会けんぽ） （主に中小企業）	保険料率は**都道府県**ごとに異なる
国民健康保険		**市町村**によって異なる※

※　平成30年4月より、都道府県が国民健康保険の財政運営の責任主体となり、市町村ごとの標準保険料率を提示し、各市町村が保険料率を決定する。

保　険　料

(1)　健康保険

標準報酬月額・標準賞与額に保険料率を乗じて算出した額を被保険者と事業主が半分ずつ負担します。ただし、組合管掌健康保険の場合、**事業主の負担割合を半分以上**にすることも可能です。

標準報酬月額・標準賞与額は、厚生年金保険と同じものを使用しますが、

以下の2点が異なります。

①標準報酬月額は令和6年4月現在、下限58,000円、上限1,390,000円となっており、**50等級**に区分されています（厚生年金保険は下限88,000円、上限650,000円の**32等級**）

②標準賞与額は令和6年4月現在、**年度（4月から翌年3月）の累計額で573万円**が上限となっています（厚生年金保険は**1ヵ月で150万円**が上限）

(2) 国民健康保険

保険料（税）は**前年の所得**や世帯の人数等に応じて決定され、原則として世帯主が全額を納めることになります。

ただし、倒産・解雇で失業した場合等については、保険料を軽減される制度があります。

また、65歳以後の者の国民健康保険料は、公的年金の金額が年額18万円以上の場合、**年金から徴収**される場合があります（**特別徴収**）。

保険給付（療養の給付）

被保険者や被扶養者が、病気やけがで治療を受けた際には、医療費の一部を受けることができます。

医療費の**一部は自己負担**となっており、負担割合は、年齢に応じて以下のとおり定められています。

■自己負担額

年　　齢	自己負担額
6歳年度末まで（義務教育就学前）	2割
6歳年度末終了後 ～ 70歳未満	**3割**
70歳以上75歳未満	2割 （現役並み所得者は3割）
75歳以上（後期高齢者） （65歳以上で一定の障害がある者を含む）	1割 （一定以上所得のある者は2割） （現役並み所得者は3割）

[医療保険]

医療保険(2)

重要度　　[★★★]
進度チェック ☑ ☑ ☑

出題【24年 3 月・問48】
　　【23年10月・問48】

保険給付（高額療養費）

　被保険者等が、**1ヵ月**に自己負担した金額が以下の**算定基準額（自己負担限度額）を超えた場合**、超えた分については**高額療養費**として支給されます。

①医療機関等に同一月（1日から月末まで）に支払った自己負担の合計額です（70歳未満の場合、医療機関・外来・入院等にわけてそれぞれの自己負担額が21,000円以上のものを合算する）

②高額療養費の支給を受けるためには、原則として手続きが必要です

③70歳以上の者は、算定基準額が異なります

■高額療養費の算定基準額（70歳未満の方）

区　　分	算定基準額
低所得者（住民税非課税者等）	35,400円
標準報酬月額26万円以下	57,600円
標準報酬月額28万円～50万円	80,100円＋（総医療費－267,000円）×1%
標準報酬月額53万円～79万円	167,400円＋（総医療費－558,000円）×1%
標準報酬月額83万円以上	252,600円＋（総医療費－842,000円）×1%

退職後の医療保険

　健康保険は、会社員等が加入する制度のため、定年退職等で会社員でなくなった場合は、他の医療保険制度に移ることになります。しかし、一定の要件を満たせば、**退職日の翌日から2年間**健康保険の資格を継続できる「**任意継続被保険者制度**」を利用することができます。また、年収要件等を満たせば、その家族が加入している健康保険の被扶養者となることも可能です。

任意継続被保険者

退職後、加入していた健康保険の被保険者の資格を継続させる制度です。

①退職日までに被保険者期間が継続して**2ヵ月以上**必要です

②申請の手続きは、退職日の翌日から**20日以内**に行う必要があります

③保険料は、「退職時の標準報酬月額」と「**30万円（協会けんぽの場合）**」を比較して低い方の金額に保険料率を乗じた額の全額を負担します

④保険料の納付期日は、**その月の10日（土、日、祝日のときは翌営業日）**です

⑤任意継続被保険者でなくなる申出が受理された月の翌月１日に資格を喪失します

被扶養者

被扶養者になるためには、原則として以下の要件のいずれも満たすことが必要です（同居の場合）。

①60歳未満の場合**年収130万円未満**、60歳以上またはおおむね障害厚生年金を受けられる程度の障害者の場合**年収180万円未満**であること

②被扶養者となる者の収入が被保険者の収入の1/2未満であること

なお、被扶養者については、保険料の負担はありません。

退職後の選択肢

■退職後の選択肢

	保 険 料	自己負担割合	手 続 先
任意継続被保険者	「退職時の標準報酬月額」と「30万円（協会けんぽ）」の低い方に保険料率を乗じた額（全額自己負担）	原則３割	協会けんぽまたは健康保険組合
国民健康保険	前年の所得や世帯の人数等に応じて決定（全額自己負担）		市区町村
被扶養者	なし		協会けんぽまたは健康保険組合

介護保険

介護保険

　介護保険は、介護が必要になった者に対して給付を行う制度です。

　保険者は**市町村**および特別区（以下、市町村という）であり、介護保険に関する手続きは市町村等で行います。

　介護保険の被保険者は**40歳以上の者**で、**第1号被保険者**と**第2号被保険者**に分かれています。

介護保険の第1号被保険者

　介護保険の第1号被保険者は、市町村の区域内に住所がある**65歳以上の者**が該当します。

　保険料は、市町村によって異なり、所得別に段階が設けられています。保険料の徴収方法は、公的年金を受給している場合、原則として年金から天引き（特別徴収）されますが、年金額が年額18万円未満等の要件に該当した場合は市町村や金融機関等で納付（普通徴収）します。

介護保険の第2号被保険者

　介護保険の第2号被保険者は、市町村の区域内に住所がある**40歳以上65歳未満の医療保険加入者**が該当します。

　保険料は、加入している健康保険・国民健康保険等の保険料とあわせて徴収されます。

介護保険の保険給付

　被保険者が保険給付を受ける場合には、市町村による要介護認定または要支援認定を受けなければなりません。なお、第2号被保険者の介護状態につ

いては、介護が必要となった原因が加齢に伴い生じた疾病等に限られます。

　介護状態の区分は、要介護1～5、要支援1・2の計7種類となっており、その区分により受けられる保険給付の範囲が異なります。

　保険給付の種類は、以下のとおりとなります。

①介護給付…要介護認定を受けた者に対する保険給付となります。

　　　　　　「居宅介護サービス費」「地域密着型介護サービス費」「施設介護サービス費」などがあります。

②予防給付…要支援認定を受けたものに対する保険給付となります。

　　　　　　「介護予防サービス費」「介護予防サービス計画費」などがあります。

　保険給付を受けた場合には、利用したサービス費の1割を負担します。ただし、一定以上の所得があるときには2割負担となり、特に所得の高い人は3割負担となります。

区分支給限度基準額

区分支給限度基準額（月額）は、以下のとおりです。

①区分支給限度基準額を超えたサービス利用費は、**全額自己負担**となります

②区分支給限度基準額の範囲内の自己負担額が一定額を超えた場合には、超えた部分について「**高額介護サービス費**」が支給されます

■区分支給限度基準額※

区　　分	区分支給限度基準額（月額）
要支援1	50,320円
要支援2	105,310円
要介護1	167,650円
要介護2	197,050円
要介護3	270,480円
要介護4	309,380円
要介護5	362,170円

※　地域やサービスによって異なる（上表は1単位10円として計算）

■在職老齢年金の早見表（受取年金額）（令和6年度）

横軸：基本月額　縦軸：総報酬月額相当額

（単位：万円）

	5	8	10	12	15
32	5.0	8.0	10.0	12.0	15.0
36	5.0	8.0	10.0	12.0	14.5
40	5.0	8.0	10.0	11.0	12.5
44	5.0	7.0	8.0	9.0	10.5
48	3.5	5.0	6.0	7.0	8.5
52	1.5	3.0	4.0	5.0	6.5
56	0	1.0	2.0	3.0	4.5
60	0	0	0	1.0	2.5
64	0	0	0	0	0.5

■令和6年度の年金額の主なもの

	昭和31年4月2日 以後生まれ	昭和31年4月1日 以前生まれ
老齢基礎年金の満額 障害基礎年金（2級） 遺族基礎年金	816,000円	813,700円
障害基礎年金（1級）	1,020,000円	1,017,125円
障害厚生年金3級最低保障	612,000円	610,300円
定額単価	1,701円	1,696円

　加給年金額、子の加算額、中高齢寡婦加算は、その年度において67歳以下の者の改定率で算出されるため、受給権者の生年月日にかかわらず同じ年金額になる。寡婦年金は死亡した夫の生年月日によって年金額は異なる。

■障害等級（障害等級1級）

国民年金法施行令 別表 （第4条の6関係）

	障害の状態
1	次に掲げる視覚障害 　イ　両眼の視力がそれぞれ0.03以下のもの 　ロ　一眼の視力が0.04、他眼の視力が手動弁以下のもの 　ハ　ゴールドマン型視野計による測定の結果、両眼のⅠ／4視標による周辺視野角度の和がそれぞれ80度以下かつⅠ／2視標による両眼中心視野角度が28度以下のもの 　ニ　自動視野計による測定の結果、両眼開放視認点数が70点以下かつ両眼中心視野視認点数が20点以下のもの
2	両耳の聴力レベルが100デシベル以上のもの
3	両上肢の機能に著しい障害を有するもの
4	両上肢のすべての指を欠くもの
5	両上肢のすべての指の機能に著しい障害を有するもの
6	両下肢の機能に著しい障害を有するもの
7	両下肢を足関節以上で欠くもの
8	体幹の機能に座っていることができない程度又は立ち上がることができない程度の障害を有するもの
9	前各号に掲げるもののほか、身体の機能の障害又は長期にわたる安静を必要とする病状が前各号と同程度以上と認められる状態であって、日常生活の用を弁ずることを不能ならしめる程度のもの
10	精神の障害であって、前各号と同程度以上と認められる程度のもの
11	身体の機能の障害若しくは病状又は精神の障害が重複する場合であって、その状態が前各号と同程度以上と認められる程度のもの

■障害等級（障害等級2級）

国民年金法施行令 別表 （第4条の6関係）

	障害の状態
1	次に掲げる視覚障害 　イ　両眼の視力がそれぞれ 0.07 以下のもの 　ロ　一眼の視力が 0.08、他眼の視力が手動弁以下のもの 　ハ　ゴールドマン型視野計による測定の結果、両眼のⅠ／4視標による周辺視野角度の和がそれぞれ 80 度以下かつⅠ／2視標による両眼中心視野角度が 56 度以下のもの 　ニ　自動視野計による測定の結果、両眼開放視認点数が 70 点以下かつ両眼中心視野視認点数が 40 点以下のもの
2	両耳の聴力レベルが 90 デシベル以上のもの
3	平衡機能に著しい障害を有するもの
4	そしゃくの機能を欠くもの
5	音声又は言語機能に著しい障害を有するもの
6	両上肢のおや指及びひとさし指又は中指を欠くもの
7	両上肢のおや指及びひとさし指又は中指の機能に著しい障害を有するもの
8	一上肢の機能に著しい障害を有するもの
9	一上肢のすべての指を欠くもの
10	一上肢のすべての指の機能に著しい障害を有するもの
11	両下肢のすべての指を欠くもの
12	一下肢の機能に著しい障害を有するもの
13	一下肢を足関節以上で欠くもの
14	体幹の機能に歩くことができない程度の障害を有するもの
15	前各号に掲げるもののほか、身体の機能の障害又は長期にわたる安静を必要とする病状が前各号と同程度以上と認められる状態であって、日常生活が著しい制限を受けるか、又は日常生活に著しい制限を加えることを必要とする程度のもの
16	精神の障害であって、前各号と同程度以上と認められる程度のもの
17	身体の機能の障害若しくは病状又は精神の障害が重複する場合であって、その状態が前各号と同程度以上と認められる程度のもの

■障害等級（障害等級3級）

厚生年金保険法施行令 別表第1 （第3条の8関係）

	障害の状態
1	次に掲げる視覚障害 　イ　両眼の視力がそれぞれ0.1以下に減じたもの 　ロ　ゴールドマン型視野計による測定の結果、両眼のⅠ／4視標による周辺視野角度の和がそれぞれ80度以下に減じたもの 　ハ　自動視野計による測定の結果、両眼開放視認点数が70点以下に減じたもの
2	両耳の聴力が、40センチメートル以上では通常の話声を解することができない程度に減じたもの
3	そしゃく又は言語の機能に相当程度の障害を残すもの
4	脊柱の機能に著しい障害を残すもの
5	一上肢の三大関節のうち、二関節の用を廃したもの
6	一下肢の三大関節のうち、二関節の用を廃したもの
7	長管状骨に偽関節を残し、運動機能に著しい障害を残すもの
8	一上肢のおや指及びひとさし指を失ったもの又はおや指若しくはひとさし指を併せ一上肢の三指以上を失ったもの
9	おや指及びひとさし指を併せ一上肢の四指の用を廃したもの
10	一下肢をリスフラン関節以上で失ったもの
11	両下肢の十趾の用を廃したもの
12	前各号に掲げるもののほか、身体の機能に、労働が著しい制限を受けるか、又は労働に著しい制限を加えることを必要とする程度の障害を残すもの
13	精神又は神経系統に、労働が著しい制限を受けるか、又は労働に著しい制限を加えることを必要とする程度の障害を残すもの
14	傷病が治らないで、身体の機能又は精神若しくは神経系統に、労働が制限を受けるか、又は労働に制限を加えることを必要とする程度の障害を有するものであって、厚生労働大臣が定めるもの

〈執筆協力〉

木村 あきお

銀行業務検定試験　年金アドバイザー3級　直前整理70

2024年度受験用

2024年7月29日　初版第1刷発行

編　者　経済法令研究会
発行者　髙　橋　春　久
発行所　㈱経済法令研究会
〒162-8421　東京都新宿区市谷本村町3-21
電話　代表03(3267)4811　制作03(3267)4823
https://www.khk.co.jp/

営業所／東京 03(3267)4812　大阪 06(6261)2911　名古屋 052(332)3511　福岡 092(411)0805

表紙デザイン／DTPG　制作／櫻井寿子　印刷／日本ハイコム㈱　製本／㈱ブックアート

☆　**本書の内容等に関する追加情報および訂正等について**　☆
本書の内容等につき発行後に追加情報のお知らせおよび誤記の訂正等の必要が生じた場合
には，当社ホームページに掲載いたします。
（ホームページ　書籍・DVD・定期刊行誌 メニュー下部の 追補・正誤表）

定価は表紙に表示してあります。無断複製・転用等を禁じます。落丁・乱丁本はお取替えします。